산업단지

구양미

14

도서출판 해남

산업단지

초판1쇄 인쇄 2024년 3월 4일
초판1쇄 발행 2024년 3월 11일

저 자 구양미
발행인 노현철
발행처 도서출판 해남

출판등록 1995. 5. 10 제 1-1885호
주 소 서울특별시 마포구 마포대로8길 9 영명빌딩 405호
전 화 739-4822 **팩스** 720-4823
이 메 일 haenamin30@naver.com
홈페이지 www.hpub.co.kr

ISBN 978-89-6238-814-5 93320

이 저서는 2021년 대한민국 교육부와 한국학중앙연구원(한국학진흥사업단)을 통해 K학술확산 연구소사업의 지원을 받아 수행된 연구임(AKS-2021-KDA-1250002).

머리말

대한민국의 경제성장을 이야기할 때 흔히 '한강의 기적'이란 표현을 쓴다. 물론 수도 서울의 역할이 컸고, 서울 한복판을 가로지르는 한강을 우리나라를 대표하는 상징으로 나타낸 표현이지만, 서울에만 국한하기에는 전국적으로 이루어진 산업화와 도시화의 영향이 매우 컸다. 특히 한국의 경제성장을 주도한 제조업의 발전은 비수도권 산업 도시들의 역할이 컸고, 여러 기업과 기관이 입지하여 생산, 수출 등을 원활히 하는 데에는 산업단지가 핵심적인 역할을 담당하였다.

"한국경제 시민강좌" 시리즈 제안을 받고 경제지리학 전공자의 관점에서 한국경제사를 접근할 때 어떤 내용을 쓸 수 있을지 생각해 보았다. 주제 선정에는 의외로 오랜 시간이 걸리지 않았다. 처음에는 '산업단지와 클러스터'라는 제목으로 산업단지의 조성과 한국 산업화에서의 역할, 그리고 클러스터로 진화하면서 경제성장에 기여한 내용을 쓰고자 하였다. 경제지리학에서 중요한 개념 중 하나인 집적(agglomeration)과 클러스터(cluster)를 다루면서 우리나라에서 가장 대표적인 산업집적지인 산업단지를 다루는 것이 적절하다고 판단하였기 때문이다. 한 단어의 간결한 제목이 좋겠다는 조언을 받아들여 한국경제사 접근에 적합한 '산업단지'라는 제목으로 최종 결정되었지만, 여전히 이 글에서는 학술적 의미와 정책적 의미에서 모두 클러스터의 중요성을 강조하고 있다.

집적은 모여 있음으로써 얻을 수 있는 이익으로 도시 형성의 기제가 된다. 개별 주체들이 각자 합리적 의사결정을 하였는데, 그 위치가 좋아서 결과적으로 모여 있을 수도 있고, 애초에 다른 주체들이 모여 있는 장소를 선호하여 일부러 그곳에 자리 잡았을 수도 있다. 또는 서로 모여 있는 개체들끼리의 상호 작용 관계가 비선호 지역을 유리한 입지로 만들기도 한다. 우리가 살고 있는 도시도 이러한 집적의 결과인데, 발전을 위해서는 서로 모여 있어야 하고 이 과정에서 밀도가 높아진 곳이 결국 도시가 된다.

이 글에서 다루는 산업단지는 국가 및 지방자치단체에서 공식적으로 지정한 입지로서의 산업단지를 다루고 있는데, 이 밖에도 자연스럽게 형성되었거나 민간 기업이나 기관이 주도하는 산업집적지도 많다. 한국의 대표적인 대기업, 재벌 기업, 초국적 기업의 본사나 공장, 연구소 또는 이들과 협력 관계에 있는 기업들이 모여 있는 곳이 더 중요한 역할을 할 수도 있다. 또한 신규 창업 기업이나 스타트업이 모여 있는 테헤란밸리, 판교밸리 등도 중요한 산업집적지이다. 클러스터 관점에서는 이러한 입지들도 모두 포함되지만, 이 글의 한계상 여기에서는 산업단지에 국한하여 설명하였다. 정책적 차원에서 정부 주도의 강력한 드라이브를 통해 지정된 산업단지를 주로 다루다 보니 하향식 접근에 치우친 경향이 있는 것은 아쉽다. 개별 지역의 산업 역사와 입지적 특성, 여기에 입지한 기업과 기관들의 역할 또한 산업단지의 조성과 성장에 매우 중요한 역할을 하였는데, 이에 대해 자세히 다루지 못한 한계가 있다.

특히 서두에 이야기한 것처럼 한국 제조업의 비약적 발전에서 비수도권 산업 도시의 역할은 매우 컸는데, 여기에 산업단지라는 입지는 중요하였다. 개별 산업단지마다 기존에 가지고 있었던 지역 특유의 자산, 입지 선정 조건, 조성 과정에서의 거버넌스, 주력 업종의 선정과 변화, 입주 기업의 특성과 역할, 기업 간 네트워크와 협력, 지식 창출과 혁신성 증대 등은 더 역동적이고 깊이 있게 연구해야 할 주제이다. 또한 국내외 경제 및 산업 환경 변화, 한국 기업들의 세계화와 혁신 능력 향상 등이 복합적으로 작용한다. 처음부터 이 모든 것을 포괄할 수 있을 것이라고는 기대하지 않았지만, 실제 글을 쓰는 과정에서 더욱 그 어려움을 느낄 수 있었다. 특히 긴 시간을 다루어야 하는 것에도 어려움이 있었다.

그럼에도 불구하고 이 글을 쓰는 과정에서 산업단지와 클러스터가 한국 경제성장에 미친 영향이 컸음을 다시 한번 정리할 수 있었다. 이 프로젝트에 참여할 수 있는 기회를 주신 서울대 조영준 교수님께 감사드린다. 또한 중간 발표 원고를 읽고 귀중한 조언을 해 준 양호민·박소현 박사에게도 감사하는 마음이다. 자료 수집을 도와준 박사 과정 고병옥·김성훈, 석사 과정 유경식·국민·정진성에게도 고마움을 전한다. 그리고 책을 잘 만들어 주신 도서출판 해남의 편집자분들께도 감사드린다.

2024. 2

구양미

차례

들어가며

지난 60여 년간 한국의 국토 변화는 정부 주도의 국토개발 사업과 산업화 및 도시화로 요약할 수 있다. 국토개발 사업과 산업화가 진전되면서 도시화가 가속화되었으며, 이에 따라 도시의 성장과 도시 권역의 확대가 이루어졌다.

'금수강산'(錦繡江山)이라 불리던 한반도는 일제 강점기와 한국전쟁을 겪으면서 국토가 분단되고 황폐화되었다. 전국의 산업시설과 공공시설은 물론 주택 등 삶의 터전이 파괴되었고, 경제와 산업 기반 역시 붕괴되었다. 1960년대 초까지는 주로 외국의 원조를 이용한 공공시설 복구 사업 등 전쟁의 피해를 복구하는 데 주력할 수밖에 없었고, 1960년대 초반 이후 본격적으로 정부 주도의 계획적 국토개발이 이루어지기 시작하였다. 이 시기에는 단기간에 개발 효과를 극대화하기 위해 성장거점이론에 따라 개발 효과가 큰 지역을 개발하고 그 효과가 주변 지역으로 확산되도록 유도하는 방식을 취하였다. 산업화 진전을 위해 서울, 인천, 울산 등은 특정 지역으로 지정되어 공업단지로 개발되기 시작하였고, 공업 도시 건설 사업이 병행되어 울산, 여천, 포항, 구미 등 중화학공업 중심의 도시들이 성장하고 인구가 집중하였다.

우리나라 도시 성장은 이촌향도(離村向都)와 수도권 인구 집중을 특징으로 한다. 1960년대 이후 급격한 산업화와 도시화로 도시에 2·3차 산업이 발달하고 일자리가 늘어나게 되어 농촌 인구가 도시로 대거 이동하였다. 1970~1980년대의 도시화는 전 세계적으로 손꼽힐 정도로 속도가 빨랐다. 농촌에서는 점점 노동력 부족과 경지 이용률 하락, 고령화 현상이 발생하였고 공동체 유지에 필요한 최소 수요를 달성하지 못하는 어려움이 발생하였다. 한편 도시에서는 과도한 인구와 산업 집중으로 주택, 교통 등의 사회 문제가 발생하였고 공해와 환경오염 문제가 심각해졌다. 다른 한편 도시의 성장은 주로 수도권과 더불어 남동 임해 공업 지역을 배경으로 한 항만 도시들의 성장이 뚜렷하게 나타났다. 이 두 권역이 경부축을 따라 연결된 도시화 양상이 두드러지는데, 이는 경부축을 따라 산업화가 이루어진 영향이 컸다. 또한 교통 부문 역시 이러한 국토 공간구조에 영향을 주었다.

그러나 한국의 산업 발달 시작을 1960년대 이후 정부 주도의 산업화와 국토개발, 이에 따른 산업단지의 조성부터로 보는 것은 무리가 있다. 이미 오래전부터 특정 장소에 모여서 산업 활동이 이루어졌기 때문이다. 한국의 공업 발달 역사를 거슬러 올라가면 지역의 특산품, 공예품과 같은 재래 공업을 살펴볼 수 있다. 우리가 익히 알고 있는 전주 한지, 한산 모시, 담양 죽세공품, 통영 나전칠기, 안성 유기, 이천 도자기 등이 대표적인데, 대체로 가내수공업 형태로 원료 산지 중심으로 발달해 왔고 오늘날에도 소규모 공방 형태로 계승되고 있다. 예를 들어, 이천 도자기 산업의 발전 경로를 살펴보면(주기완·이승철 2015), 고려시대와 조선시대에 발달한 전통 도예가 이천에서 계승된 것은 아니지만 일제 강점기에 단절된 전통 도예를 재현하려는 전승 도공들의 노력이 이천에서 이루어진 것이 중요한 계기가 되었다. 일제 강점기와 해방을 거친 후 한국미술품연구소에서 근무하던 전승 도공들이 1958년 운영 악화로 폐쇄되자 일자리를 찾아 서울과 가까운 이천으로 이동하였는데, 도자기를 구울 수 있는 가마가 희소하던 1950~1960년대에 칠기가마가 존재

했던 것이 큰 역할을 하였다. 이천의 칠기가마는 19세기 말(1880년대), 광주 사옹원 분원이 민영화되어 전국으로 흩어진 사기장들의 일부가 이천에 정착하여 조성되었으며, 1950년대 중반 칠기가마 점주들이 도공들의 유입을 수용하면서 이루어졌다. 칠기가마에서 일하던 전승 도공들이 점차 분리 독립하여 이천 도자기 산업이 태동하게 된 것이다. 오늘날 이천 도자기 산업 역시 전승 도예와 현대 도예 공간이 혼재하는 이원적 공간구조를 형성하고 있다(주기완·이승철 2015).

그럼에도 불구하고, 이 책에서는 주로 1960년대 이후의 경제성장 정책과 국토 정책의 변화, 그리고 이에 따른 산업 정책 변화와 산업단지 조성과 성장을 살펴볼 것이다. 한국의 대표적인 산업집적지인 산업단지는 그만큼 산업화에 결정적인 역할을 하였고, 이를 중심으로 지방 산업 도시들의 성장이 이루어졌기 때문이다.

제1장에서는 산업단지를 설명하기 위한 이론으로 산업입지와 클러스터 이론을 소개할 것이다. 빠른 성장을 위해 특정 지역을 중심으로 개발하고 그 효과를 확산시키는 성장거점이론과 불균형 발전에 대해 살펴보고, 산업단지의 학술적 배경이 되는 산업입지이론과 집적 경제 논의를 고찰하며, 2000년대 이후에 등장

한 클러스터 개념과 이론의 변화를 설명할 것이다. 제2장에서는 한국의 경제발전 정책과 국토 정책 변화를 광복 이후 1970년대까지, 1980~1990년대, 2000년대 이후의 세 시기로 구분하여 살펴볼 것이다. 제3장에서는 시기별 한국의 산업 정책 변화와 산업단지 개발 및 성장을 고찰할 것이다. 또한 클러스터 기반의 정책 변화도 설명하고자 한다. 제4장에서는 주요 산업단지의 특성과 변화를 국가산업단지를 중심으로 설명하고자 한다. 특히 1960년대 정책 초기부터 조성된 대표적인 산업단지인 서울디지털산업단지, 울산·미포국가산업단지, 구미국가산업단지의 조성 과정과 성장을 간략하게 살펴볼 것이다. 결론 부분에서는 이러한 내용을 요약, 정리하고 산업단지를 분석하고 연구하는 새로운 시각을 소개할 것이다.

1

산업입지와 클러스터 이론

성장거점이론과 불균형 발전

산업입지이론과 집적 경제

클러스터 개념과 이론 변화

성장거점이론과 불균형 발전

한국은 정부 주도의 경제발전계획과 이에 따른 국토개발 사업이 이루어졌고, 이러한 영향으로 급격한 산업화와 도시화가 이루어졌다. 이러한 빠른 성장을 위해 성장거점을 중심으로 개발이 이루어졌는데, 이것은 국가 전체적인 불균형 발전을 초래하기도 하였다.

성장거점에는 growth pole, growth center, growth foci, growth nuclei 등의 용어가 일반적으로 사용되는데, 국문으로도 성장거점, 성장중심, 성장점, 성장핵, 성장극 등 여러 용어가 혼용된다(박종화 외 2004). 성장거점 개념은 프랑수아 페루(Francois Perroux), 자크 라울 보드빌(Jacques Raoul Boudeville) 등에 의해 제시되고 발전된 개념으로 선도산업(leading industries), 집적 경제(agglomeration economies), 확산 효과(spread effect)가 있는 지역을 지정하고 이를 집중적으로 개발하여 지역발전을 도모하는 것이다. 1950년대 프랑스 경제학자 페루는 국가 경제에서 주도적 역할을 하는 특정 부문의 산업을 성장극(growth pole)으로 지칭하였는데, 이것을 지리적·공간적 차원으로 확대하여 성장거점, 성장중심지로 개념화한 것은 보드빌이다. 그에 따르면, 첫째

성장중심지의 형성을 위해 동태적인 산업을 공간적으로 집중시키고, 둘째 이 산업집단을 도시의 집적 경제와 연계시키며, 셋째 확산 효과를 배후 지역에 전파함으로써 지역발전을 도모할 수 있다(김용웅 외 2009). 따라서 성장거점이론은 성장중심지의 핵심 산업으로서 선도산업, 산업이 집중함으로써 발생하는 외부 효과로서 집적 경제, 그리고 성장이 주변 지역으로 전달되는 기제로서 확산 효과의 세 가지 개념으로 구성된다(주성재 2012).

이것은 거점개발 방식에 의한 대규모 산업단지 조성을 핵심 산업입지 정책으로 삼은 1960~1970년대 우리나라 국토 정책의 기반이 되었다. 울산, 구미 등 특정 지역에 석유화학, 자동차, 조선, 전기·전자 등을 선도산업으로 선정하고, 연관 산업 기업들을 함께 자리 잡게 해 집적 경제 효과를 창출하고, 이러한 성장의 효과가 다른 지역으로 확산하도록 하는 것이다. 국가의 제한된 자원을 효율적으로 활용하여 성장잠재력이 높은 지역에 집중적으로 투자함으로써 성장 효과를 극대화하는 장점이 있다. 그러나 집적에 의한 규모의 불경제가 발생하거나, 확산 효과가 제대로 발휘되지 않고 오히려 중심지가 주변 지역의 기업과 자

도시화와 도시 성장

도시화(urbanization)는 인구적·물리적·사회 행태적·경제적 측면에서 도시적 특성이 나타나고 강화되는 과정이다. '점'으로서의 도시화는 도시의 수가 증가하는 현상으로, 도시 수가 증가하면 상대적으로 농촌 지역이 줄어들고 농림어업직 종사자 수도 감소하게 된다. '면'으로서의 도시화는 기존의 도시 영역이 확대되어 도시 주변의 농촌 지역을 도시로 바꾸는 대도시권화를 의미한다. 도시화 지표의 대표적인 것은 전체 인구 중 도시 지역 거주 인구의 비중을 백분율(%)로 나타낸 도시화율이다. 도시화율은 도시를 어떻게 정의하느냐에 따라 차이가 나지만, 우리나라는 대체로 1980년대까지 급증세를 보이다가 그 이후 완만해지고 있다. 행정 구역상 동 지역만을 대상으로 하는 경우와 읍 지역을 포함시키는 경우에 따라서 수치가 달라지지만, 읍 이상을 도시 지역에 포함시켜 계산할 경우 한국은 이미 90%가 넘는 도시화율을 보인다.

도시의 성장을 살펴보면, 1950년대 초·중반 서울(1953), 부산(1955)이 인구 100만 명 이상 도시가 되었고, 이후 대구(1969), 인천(1979), 광주(1988), 대전(1989), 울산(1997)이 차례로 100만 명 이상 도시가 되었다. 광역시 외에는 수원(2002), 창원(2010)이 인구 100만 명을 돌파하였고, 고양시(2017), 용인시(2018)가 뒤를 이었다. 서울은 1988년에 인구 1,000만 명을 넘어 세계에서도 손꼽히는 거대 도시가 되었고, 제2도시 부산은 1979년 300만 명을 넘은 이래 인구가 정체되어 있다가 오히려 감소하였다. 수도권으로의 과도한 집중으로 인한 일극화와 지방의 쇠퇴 문제는 최근 더 큰 문제로 대두되고 있다. 서울의 인구 성장은 1990년대부터 정체 및 감소 추세이지만 인접 위성 도시 인구가 계속 증가하고 있으며, 2020년에는 국토 면적의 11.8%를 차지하는 수도권 인구 비중이 50%를 넘어서 비수도권 인구를 역전하는 현상이 발생하게 되었다.

원을 빨아들이는 역류 효과(backwash effect)가 나타나는 부작용이 있다. 즉, 성장의 효과가 다른 지역으로 확산하여야 궁극적으로 의미 있는 지역개발 정책이 되는데, 젊고 유능한 노동력이 중심지로 선별적으로 이동하고, 중심지로부터의 투자는 외부 지배를 받음으로써 지역 간 불균형이 강화되는 위험성이 있다.

우리나라도 1960년대 이후 대규모 산업단지 조성으로 급격한 경제성장의 큰 효과를 거두었으나, 거점개발로 인해 주변 지역의 인구와 자본이 성장거점으로 유출되어 지역 격차가 심화되는 문제가 발생하였다. 이에 1980년대 이후 이를 해소하기 위해 법적·제도적 장치의 제정과 정비를 통해 균형개발 정책이 추진되기 시작되었다. 특히 2000년대부터 국가 균형 발전을 위한 여러 가지 사업이 더욱 구체적으로 추진되어 세종특별자치시, 행정중심복합도시를 통한 공공기관의 지방 이전과 비수도권 혁신 도시들이 조성되었다. 그런데도 여전히 지역 간 불균형 문제가 심각하고, 이른바 '지방소멸' 이슈와 같이 수도권과 비수도권의 격차가 더 커지는 문제가 주요 화두가 되고 있다.

산업입지이론과 집적 경제

고전적 산업입지이론(industrial location theory)은 1909년 독일의 경제학자인 알프레드 베버(Alfred Weber)의 최소비용이론(least cost model)으로 거슬러 올라간다. '비용'

이 최소가 되는 지점이 최적 입지가 된다는 것으로 최소비용이론은 이후 토드 팔랜더(Tord Palander), 에드거 후버(Edgar Hoover), 데이비드 스미스(David Smith) 등의 이론에 영향을 준다. 이 이론은 공산품 제조를 위해 원료의 획득 과정, 원료를 가공하여 완제품을 만드는 과정, 완제품의 시장 공급 과정이 필요함을 설명한다. 원료와 완제품이 이동하는 과정에서 원료 운송비용과 완제품 운송비용이 발생하는데, 이러한 운송비의 조합인 총운송비가 최소가 되는 지점이 공장의 최적 입지가 된다. 이 이론은 이후 산업입지이론의 근간이 되었다.

그러나 베버의 이론은 비현실적인 여러 가지 가정하에 '단일' 공장 기업의 '점'으로서의 최적 입지를 찾는 것으로, 오늘날 실제 기업의 입지에 적용하기는 어려운 측면이 많다. 개별 공장 차원에서 합리적 의사결정 하에 비용 요소만으로 입지를 결정하는 것은 현실과 괴리가 큰데, 많은 기업이 여러 개의 공장을 가지고 있고 공급자·고객 관계에 있거나 경쟁 관계에 있는 다른 기업들을 고려하여 입지를 결정하기 때문이다. 또한 기업들은 점으로서의 최적 입지를 선정하기보다는 여러 조건과 상황에 따른 준최적(sub-optimal) 입지를 선택할 가능성이 높다. 따라서 오늘날 산업입지는 다른 기업 및 기관과의 관계, 기업의 외부 환경과 정책 등을 고려하는 방향으로 발전하였다. 특히 지식과 혁신, 네트워크, 착근성(embeddedness)• 과 제도적 집약(institutional thickness)•, 집단학습(collective learning), 기업가 정신(entrepreneurship), 금융화(financialization), 문화적 요소 등 다양한 사회·문화·제도적 요인이 입지에 영향을 주고 있고, 경제지리학과 산업입지론은 이것에 주목해 왔다(박삼옥 1998; 황주성 2000; 문미성 2001; 박원석 2011).

착근성: 인간의 경제 행위는 이익 추구 과정만으로 설명될 수 없으며 사회 관계나 인간 관계의 연결망에 배태되어 있다. 기업 간 관계가 사회적 관계구조에 고착되어 있어서 기업 간 신뢰 관계가 형성되면 이것이 정보 및 지식 이전에 소요되는 시간과 강도를 변화시켜 경제발전을 가져올 수 있다고 설명한다.

제도적 집약: 제도적 밀집이라고 표현하기도 하는데, 다양한 조직(제도)과 행위자들이 지역에 존재하고 공동의 목표를 위해 협력할 수 있는 역량을 의미한다.

기업과 산업 활동은 공간에 균일하게 분포할 수 없으며 여러 가지 이유로 특정 장소에 집중하게 된다. 지리학뿐 아니라 경제학, 사회학 등 여러 학문 분야의 이론가들이 경제 활동의 지리적 근접에 관심을 가지고 여러 가지 용어로 이를 설명하고자 하였다. 이와 같이 하나의 장소에 여러 기업과 기능들이 모이는 것을 집적이라고 하는데, 기업 간 관계를 통해 규모의 경제가 가능하게 되어 집적 경제 효과를 누릴 수 있다. 여러 기업이 동일한 지역에 집중하게 될 경우 개개 기업이 분산되어 흩어져 있을 때보다 많은 혜택을 누릴 수 있게 되어 외부 경제 또는 집적 경제라고 부른다. 1890년 알프레드 마셜(Alfred Marshall)의 명저 *Principles of Economics*에서 처음 소개되었으며, 이후 베버 역시 총운송비 최소 지점이 단일 공장의 최적 입지이나 노동비나 집적 경제 이익이 총운송비를 상쇄할 경우에 최적 입지가 이동될 수 있음을 설명하였다. 이에 베버는 집적 경제에 대해 중요성을 인식한 선구자로도 알려지게 된다. 이후 1990년대 들어 마이클 포터(Michael Porter)의 산업 클러스터 개념으로 집적 경제는 재조명을 받게 된다.

예를 들어, 삼성전자 수원 사업장은 삼성전자를 중심으로 하는 집적과 클러스터 형성을 보여 준다. 1969년 3만 7,000여 평에서 시작한 사업장은 1970년대 인근 부지에 새로운 제품 생산을 위한 조립공장들과 자회사, 합작회사 및 협력회사의 부품공장들을 지으면서 확대되어 현재 52만 평 규모에 이르고 있다. 특히 삼성전자라는 기업을 중심으로 제품 생산 과정의 여러 기능들이 수직적 분업을 이루며 계열화되어 있고, 또 이들이 공간적으로 근접해 있기 때문에 효율성이 극대화될 수 있었다.

이와 같이 산업입지이론이 단일 공장의 입지이론에서 집적과 클러스터를 강조하는 방향으로 변화해 왔는데, 이것이 정책적으로 발현된 대표적인 사례가 한국의 산업단지 개발이라고 할 수 있다. 물론 우

집적 경제

일반적으로 규모의 경제(economies of scale)는 생산 규모가 증대함에 따라 생산비에 비해 생산량이 보다 크게 증가함으로써 생기는 경제적 이익을 의미한다. 한 공장에서 생산량을 늘리거나, 기업 내부에서 계열사와의 관계를 통해서도 규모를 확장할 수도 있다. 한편 기업 내부뿐 아니라 동일 산업이나 관련 산업에 종사하는 다른 기업 간 관계를 통해서도 규모의 경제 효과를 누릴 수 있는데, 이때 이러한 기업들이 모이는 집적이 발생하게 되고 이를 집적 경제로 표현한다. 여러 기업이 동일한 지역에 집중하게 될 경우 개개 기업이 분산되어 흩어져 있을 때보다 많은 혜택을 누릴 수 있게 되어 외부 경제 또는 집적 경제라고 부른다. 집적 경제는 다시 국지화 경제(localization economies)와 도시화 경제(urbanization economies)로 구분할 수 있다. 국지화 경제는 같은 종류의 산업이나 연계성이 큰 산업들(자원 공급이나 시장 확보)이 함께 집적되어 있으면서 집적 경제 효과를 누리는 경우를 의미한다. 국지적 노동시장 풀이 형성되고 공동 구매를 통한 효과와 기술적 스필오버(spillover)가 발생하는 등의 이점이 있다. 도시화 경제는 서로 다른 산업의 기업들이 집적함으로써 얻는 이익을 의미하며, 특히 다양한 산업이 집적한 대도시의 집적 경제 효과를 나타낸다.

리나라의 경우에도 산업단지로 지정된 곳 외에도 특정 대기업이 허브 역할을 하며 전후방 연계 기업들이 집적되어 구축된 클러스터들이 다수 존재하지만, 산업단지가 클러스터의 대표적인 사례임은 분명하기 때문이다. 산업단지는 일정 범위 내에 여러 기업들을 집중시키고 지원과 혜택을 통해 산업발전에 기여하고자 하는 것으로, 여전히 집적 이익 창출을 위한 지역개발 전략으로 활용되고 있다.

클러스터 개념과 이론 변화

2000년대 이후 전 세계적으로 학계는 물론이고 정책적 차원에서 산업이 집적되어 경제성장을 추동하는 지역에 대한 관심이 증가하였다. 특히 실리콘밸리의 성공 이후 전 세계 산업집적지들이 실리콘밸리를 지향하며 이를 모방하는 정책을 펼쳤고, 전 세계적으로 수많은 ○○밸리, 실리콘△△ 지역이 탄생하였다. 특히 클러스터가 주목받게 된 것은 인위적인 클러스터 조성이나 촉진 정책을 통해서 상대적으로 저발전된 지역에 효과적으로 공공의 개입이 가능하다는 점이었다. 그러나 천편일률적(one-size-fits-all)인 정책은 지역의 성장과 번영을 가져오지 못하였고, 장소와 지역의 특성을 고려한 산업 및 혁신 정책의 중요성은 여러 문헌과 연구에서 강조되고 있다. 여러 학문 분야의 학자들은 이러한 집적지를 지칭하는 학술 용어를 제시하였는데, 신산업지구(new industrial district), 클러스터, 학습 지역(learning region) 등이 대표적이다. 경제 활동의 지역성과 공간성을 연구하는 경제지리학 역시 다양한 산업집적지의 특성을 분석하고 형성 요인을 찾는 연구들이 많이 이루어졌다(구양미 2012). 특히 지식 창출과 혁신의 중심지로서 클러스터와 지역 혁신 체계에 대한 여러 연구와 분석들이 이루어졌다(Newlands 2003; Moulaert and Sekia 2003).

다양한 집적지에 대한 연구 흐름 중 학계에서 가장 광범위하게 논의된 개념은 클러스터이다. 마이클 포터는 1990년 *The Competitive Advantage of Nations* 에서 국가나 지역의 경쟁력에 클러스터가 중요한 역할을 한다고 이야기하였는데, 이를 계기로 산업집적지로서 클러스터가 주목받기 시작하였다. 그는 클러스터를 특정 분야에서 상호 연관된 기업들과 기관들의 지리적 집중으로 설명하였는데, 구체적으로는 "상호 연계된 기업들, 전문화된 공급업체들, 지원 서비스 기업들뿐 아니라 관련된 타 산업 기업과 기관(대학, 연구소 등) 등이 지리적으로 집중하여 경쟁하면서도 협력하는 일정 지역"(Porter 2000: 253)으로 정의하였다.• 이 정의에 따르면 2가지 핵심 요소가 존재하는데(Martin and Sunley 2003), 첫째 클러스터 내의 기업들은 어떤 방식으로든 연결되어야 하는데, 예를 들어 공급사슬과 같은 것을 의미한다. 둘째는 기업 간 공통 관심사를 형성하거나 빈번한 상호 작용을 촉진하는 근접성을 동반한 지리적 집중이 나타나야 한다는 것이다(MacKinnon

마이클 포터의 클러스터 정의: "Clusters are geographic concentrations of interconnected companies, specialized suppliers and service providers, firms in related industries, and associated institutions (e.g. universities, standards agencies, and trade associations) in particular fields that compete but also cooperate"(Porter 2000: 253).

and Cumbers 2019). 그러나 이 용어에 다소 애매함과 불확실성이 존재하므로 여러 학자들에게 논의의 시사점을 제공하면서도 동시에 많은 비판을 받고 있기도 하다. 클러스터라는 용어가 행정 클러스터, 교육 클러스터 등 지나치게 확대 해석될 수 있어 혼란을 초래할 수 있기 때문에 다른 집적지 개념과 유사하게 '산업'을 붙이는 산업 클러스터(industrial cluster)라는 용어로 사용하는 경우도 많다(Gordon and McCann 2000; Newlands 2003; 권오혁 2017).

클러스터, 산업 클러스터 개념에서 중요한 논쟁 중 하나는 '어떤 형태로든 기업들이 특정 지역에 모여 있기만 하면 되는가'의 문제이다. 집적뿐 아니라, 생산 체계나 혁신 체계 등을 통한 연결과 연계, 특정 산업 부문으로의 전문화(specialization), 다양한 층위의 제도적 집약 등이 수반되어야 진정한 의미의 클러스터라는 것이다. 단순히 기업들이 모여 있기만 해서는 안되고 여기에 입지한 기업들과 기관들 간의 상호 연계가 있어야 클러스터라고 할 수 있다는 주장이다. 이것은 일반적인 집적과 클러스터(군집)를 구분하는 기준이 되기도 한다. 그러나 이러한 클러스터의 다양한 요소를 모두 갖춘 곳은 실제로 많지 않아서 집적지의 진

클러스터(집적지) 종류와 유형

클러스터(집적지)는 형성 요인, 업종 구성, 업체 규모, 기업 간 관계, 지역 내·외부 연계, 지리적 범위 등에 따라 매우 다양한 종류가 있는데, 어떤 분류 기준을 사용하느냐에 따라 여러 가지 유형 구분이 가능하다. 대표적으로 Park and Markusen(1995), Markusen(1996)과 Park(1996)의 산업지구(industrial district) 분류를 들 수 있다. 이 연구들에서는 산업지구라는 용어를 사용하였으나 이것은 오늘날 다양한 산업집적지를 대표하는 용어인 클러스터의 분류로 간주될 수 있다. Markusen(1996)은 기업 규모, 전후방 연계, 로컬·비로컬 착근성 여부 등에 따라 중소기업들이 모여서 상호 협력하는 마셜형 산업지구(Marshallian industrial district), 핵심 대기업과 공급자·고객 관계를 가진 업체들로 이루어진 허브앤스포크(hub-and-spoke district), 외부 지배를 받는 분공장들이 모여 있는 위성형 플랫폼(satellite platform district) 유형을 제시하였다. 여기에 더해 민간 기업보다는 군 관련 시설이나 대학 및 연구기관이 핵심 역할을 하는 국가 주도 산업지구(state-anchored district) 유형도 소개하였다. 한편 Gordon and McCann(2000)은 집적지의 주된 집적 요인에 따라 순수집적 모델(pure agglomeration model), 산업단지 모델(industrial complex model), 사회 네트워크 모델(social network model)의 3가지로 구분하였다. 이 밖에도 여러 연구자들이 다양한 기준에 따라 클러스터 유형을 구분하였다.

화 과정상 고도화 단계에 진입해야만 가능하다는 문제도 있다. 성공적 클러스터로 가는 과정에 있는 집적지를 모두 클러스터에 포함할 것인가, 아니면 어느 정도 수준 이상에 도달한 곳만 클러스터로 볼 것인가는 여전히 논쟁거리이다.

한편 하나의 클러스터 내부뿐 아니라 외부와의 연계 중요성이 강조되기도 한다. 클러스터 내부 또는 외부와의 연계를 통한 지식 창출에 대한 논의의 대표적인 것이 Bathelt et al.(2004)의 'local buzz'와 'global pipeline' 개념이다. 동일 클러스터에 입지한 기업 간 공식적·비공식적 상호 작용을 통해 학습이 이루어지고, 국지화된 능력(localized capabilities)과 비거래적 상호 의존성(untraded interdependence)• 의 중요성이 강조된다. 그러나 한편에서는 지역적 고착(lock-in)을 피하고 지속적 발전을 추구하기 위해서는 비국지적 연계가 중요한 요소이다. 클러스터 외부의 새로운 파트너와의 네트워크 형성은 의식적이고 체계적인 방식으로 새로운 신뢰가 형성되는 것을 필요로 한다. 이러한 신뢰 형성 과정은 시간과 비용이 소요되기 때문에 정책적 차원에서 이를 뒷받침하는 제도의 필요성을 논할 수 있다. 기존의 여러 산업 클러스터 정책에서 클러스터 내 다양한 기업 및 기관 간 네트워크를 강조하였는데, 클러스터 외부 행위 주체와의 네트워크를 강화하고 클러스터 간 연계 체제를 구축하는 것 역시 필요하다. 지역발전과 경제 성장에서 외부 연계의 중요성과 생산의 세계화 논의를 결합한 글로벌 생산 네트워크(global production network: GPN)• 이론이 최근 주목받은 이유이다. GPN 논의에서는 지역과 초국적 기업의 전략적 커플링(strategic coupling)

비거래적 상호 의존성: 거래적(traded) 상호 의존성을 측정 가능한 비용 측면의 이익으로 집적의 경제적 기반을 의미하는데 비해, 비거래적 상호 의존성은 신뢰와 같이 무형의 측정 불가능한 이익으로 집적이 사회문화적 기반을 의미한다.

글로벌 생산 네트워크: 초국적 기업의 생산 체계와 조직구조에 초점을 두고 있는 글로벌 가치사슬(global value chain) 관점과 유사하지만, 다양한 지리적 범위에서 일어나는 제도적 활동에 관심을 가지고 세계적 생산 네트워크와 지역적 자산의 전략적 연계에 초점을 두고 있다.

을 중요하게 다루고 이것은 여러 국가에서 산업집적지의 성장에도 중요한 역할을 한다.

클러스터 연구에 대한 2010년대 이후 논의는 경제지리학의 진화적 접근과 맞물려 생애주기와 진화 경로에 대한 분석이 상당 부분을 차지하고 있다(Menzel and Fornahl 2010; Martin 2010; Martin and Sunley 2011). Martin(2010)은 산업에 따라, 클러스터에 따라 진화 경로가 매우 다양하게 나타날 수 있음을 설명하면서 생애주기 유형 경로(life cycle-type trajectory), 재생 또는 재활성화(resurgence or rejuvenation), 지속적 변화와 변형(ongoing change and mutation), 안정균형 상태 고착(lock-in to a stable equilibrium) 등 다양한 경로를 설명하였다(구양미 2012). 또한 Menzel and Fornahl(2010)은 클러스터 생애주기를 발생(emergence)-성장(growth)-유지(sustainment)-쇠퇴(decline)의 4단계로 구분하여 설명하였다. 발생 단계는 소수이지만 소기업의 증가 추세를 나타내고, 기업들이 새로운 기술 영역에 접근하면서 이질성이 증가하는 시기이고, 성장 단계에서는 고용자 수가 증가하고 기술 경로가 집중된다. 유지 단계에서는 이질성이 감소하고 독특한 발전 경로를 형성하며, 쇠퇴 단계에서는 클러스터가 쇠락하면서 회복 역량이 감소한

|그림 1| **클러스터 진화 경로**

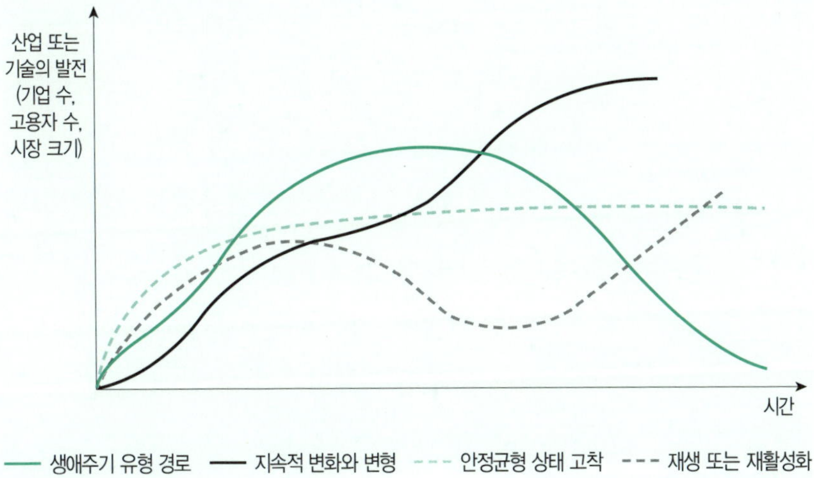

자료: Martin(2010); 구양미(2012)에서 재인용.

|그림 2| **클러스터 생애주기 모형**

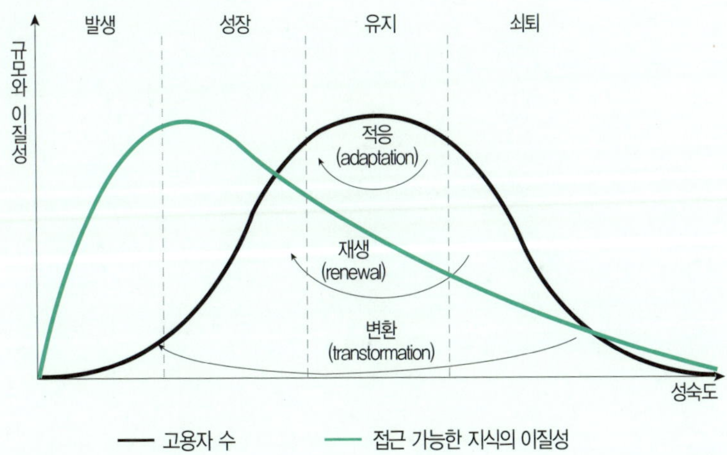

자료: Menzel and Fornahl(2010); 구양미(2012)에서 재인용.

다. 발생 단계 클러스터는 인지하기가 어렵고 실제 클러스터로서 역할을 하지 못하기 때문에 거의 연구되지 않고 사후에 파악되는 경우가 많다. 이러한 생애주기를 결정하는 것은 기업의 기술적 이질성(technological heterogeneity)이 핵심 프로세스로 작용함을 설명하고 있다. 기업 수, 고용자 수의 증감과 같은 양적 지표와 더불어 지식의 다양성, 이질성과 같은 질적 지표를 통해 클러스터의 발전 단계를 파악할 수 있다.

2

경제발전 정책과 국토 정책 변화

광복 이후 1970년대까지

1980~1990년대

2000년대 이후

지난 60여 년 한국의 경제 변화는 산업화와 세계화로 정리할 수 있다. 1차 산업 중심에서 2·3차 산업 중심의 산업구조로 빠르게 전환하면서 압축적 경제성장을 이루었다. 특히 정부 주도의 강력한 산업 정책에 힘입어 특정 산업 분야 중심의 수출 지향적 발전 전략이 성공적으로 실행되었다고 평가된다. 그러나 1980년대부터 대내외적인 상황이 변화하면서 구조 조정의 압력이 강해졌고, 인적 자원 개발, 연구개발 활동과 혁신성 증대 등의 노력이 전 산업 분야에서 이루어졌다. 또한 정부에서 민간 기업 중심으로 발전의 추동력이 옮겨졌고, 재벌 대기업이 한국경제에서 차지하는 위상이 점점 커졌다.

|그림 3| **국가 주도 발전계획의 시기별 변화**

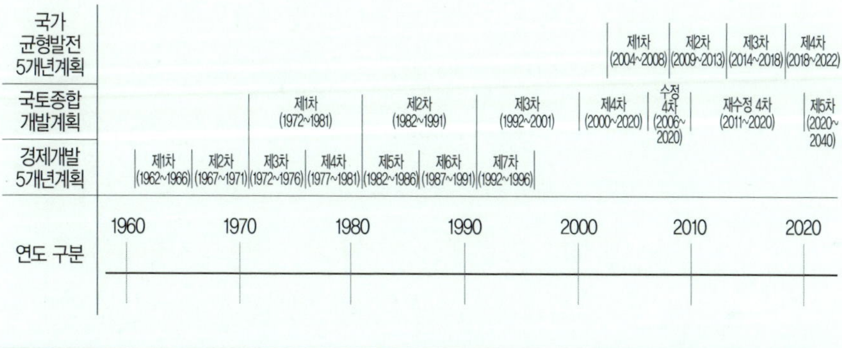

자료: 저자 작성.

광복 이후 1970년대까지

1945년 광복 이후 많은 지하자원과 일제 강점기 때 건설된 중화학공업 시설이 북한 지역에 집중되어 있었기 때문에 남한은 경제적으로 큰 위기에 놓였다. 남한에는 일부 경공업 시설만 있었고 북한으로부터 전력 공급이 중단되어, 경제와 산업 기반은 붕괴하였다. 미군정은 궁핍한 남한 경제를 해결하기 위해 우선적으로 식량, 비료와 같은 소비재를 원조로 도입하였다. 그러나 1950년 한국전쟁으로 전국의 산업시설, 공공시설이 파괴되고 막대한 규모의 인명피해가 발생하였다. 1953년 휴전 이후 이승만 정부는 전쟁 피해를 복구하는 데 중점을 두었고, 철도, 도로, 항만과 같은 공공 운송시설 복구 사업을 해외 원조로 진행하였다.

1962년 1월 공식적으로 발표된 '제1차 경제개발 5개년계획'(1962~1966)은 수입대체산업화를 통한 자립경제 구축을 목표로 박정희 정부가 주도한 한국의 본격적인 경제발전 정책의 시작이었다. 과거 원조를 받던 소비재의 국내 생산을 목표로 하였고, 사회간접자본 투자, 화폐개혁, 수출 증대 정책을 실행하였다. 경제 문제를 정부의 최우선 과제로 삼아 비현실적인 목표 성장률을 제시하기도 하였으나 외자 도입 등 투자재원 문제에 직면하자 과감하게 수정하기도 하였다(최상오 2023). 1950년대부터 수출의 중요성이 대두되었지만 성과는 미미하였고, 1964년 수정계획이 발표되며 본격적인 수출 주도 공업화 정책이 추진되기 시작하였다. 이때부터 경공업 부문에서는 수출 주도 공업화 정책에 근거한 육성 정책이 이루어졌다. '제2차 경제개발 5개년계획'(1967~1971)은 산업구조 근대화와 자립경제 체제의 확립을 목표로 하였다. 국내에서 식량을 자급하고 수출 주도형 공업화를 위해 화학, 철강과 기계공업 기반을 조성하였으며, 농업 중심에서 공업 중심으로 산업구조 전환을 꾀하였다. 1960년대 후반에 이르러서는 중화학공업에서도 수출 주도 공업화 정책이 추진되었고, 기계, 화학, 전자, 철강, 조선, 비철금속의 6개 산업이 선정되어 1973년 1월 중화학공업 정책이 본격적으로 선언되었다(박기주 2023). 이후 한국의 공업화 정책은 일관되게 수출 주도 공업화 정책에 근거하여 추진되었고, 한국 경제성장의 원동력으로 평가되고 있다(최상오 2023). '제3차 경제개발 5개년계획'(1972~1976)은 정부의 시장 개입을 줄이고 시장경제를 중심으로 경제가 성장하도록 계획하였다. 정책의 목표는 여전히 수출 증대와 중화학공업 증진이었으며 지역개발의 균형도 꾀하였다. 철강, 기계, 전자, 조선, 석유화학, 비철금속 6개 업종을 집중적으로 지원하고 투자하였다. 그러나 1973년 제1차 석유파동에 의한 국제 원자재 가격 상승이 대외의존적인 한국경제에 심각한 인플레이션을 초래하였으며, 국제수지 적자 규모가 확대되었다.

1960년대부터 계획된 국토개발 전략은 1970년대 들어 본격적으로 추진되었다. '제1차 국토종합개발계획'(1972~1981)은 경제성장을 위한 국토의 활용과 개발, 대규모 공업단지 조성, 도시 문제 개선과 생활 환경 개선이 주요 목표였다. 성장잠재력이 큰 도시에 집중적으로 투자하여 투자 효율을 높이고자 하였는데, 서울, 인천, 부산, 울산 등이 성장거점 개발의 주요 도시로 선정되었다. 1965년 서울, 인천을 특정 지역으로 지정한 후 1976년까지 모두 7개의 특정 지역을 지정하였다. 원래 거점 도시를 개발하여 그 주변 지역까지 성장하도록 고려하였던 계획과는 달리 국토의 불균형 성장으로 지역 간 소득 격차가 심화되었다. 더불어 권역별 개방 방식을 채택하였는데, 이 또한 중심지인 도시와 주변 지역 간에 불균형 성장의 결과로 도출되었고, 시가지의 무질서한 확장과 농경지 잠식, 심각한 자연훼손을 초래하였다는 비판을 받았다.

1980~1990년대

4차에 걸친 경제개발계획으로 상당한 경제성장을 이루었지만, 여러 가지 문제가 발생하였고 이를 해소하고자 하는 노력이 이루어졌다. 1982년부터는 명칭이 '경제사회발전계획'으로 바뀌었는데, '성장' 중심에서 안정, 능률, 균형을 기조로 물가안정, 개방화, 시장경쟁의 활성화, 지방 및 소외 부문 개발을 주요 정책 대상으로 하였다(한국산업단지공단 2015).

'제5차 경제사회발전 5개년계획'(1982~1986)은 물가안정을 최우선 과제로 하고 수출 산업 경쟁력 강화를 통한 국제수지를 개선하고자 하였다. 국민이 안정적인 삶을 누릴 수 있도록 의료보험 수혜율 확대와 국민복지연금·퇴직연금·산재보험 가입자도 확대하였다. 그 결과 경제 고도성장을 유지하면서도 물가상승률은 안정적으로 유지하였으며, 1986년에는 국제수지가 흑자로 전환되었다. 농외소득 증가로 농업소득이 증가하였다. '제6차 경제사회발전 5개년계획'(1987~1991)은

5차에서 이룬 안정적 성장을 확고하게 하도록 사회 기반을 구축하고 그동안 성장한 경제 능력을 바탕으로 국민복지를 증진하고 고용기회를 확대하고자 하였다. 그러나 추진 초기에 국내외 환경적 변화로 크게 수정되었다. 세계적 3저 현상, 냉전 구도 화해 조짐, 국내 6.29 선언으로 정치적 민주화가 진행되면서 사회·경제적으로 급격한 변화가 시작되어 계획의 중점과제를 수정하였다. 정부의 시장 개입을 줄여 경제의 자율화를 촉진하였으며, 지난 경제성장에서 소외된 부문을 우선하여 지원하였다. 국제수지 흑자 전환 이후 대외적 통상마찰의 위험을 줄이기 위해 국내 시장을 개방하고 관세 인하, 비관세장벽 철폐 등의 정책을 추진하였다. 세계적 3저 현상에서도 정치적 호재로 높은 경제성장률을 유지할 수 있었으며, 내부적 금융 정책으로 높은 인플레이션을 완화하였다. 결과적으로 국민총생산에 비농업 부문 비중이 91.9%를 차지하는 선진형 산업구조를 달성하였다. 그러나 여전히 양적 성장에 대한 집중으로 대기업 중심 경제가 심화하였고 중소기업 소외가 지속되었다. 지역 간, 계층 간 소득 격차는 더 확대되었고 산업 간, 기업 규모 간 이중구조가 심화되어 불균형으로 인한 사회 갈등이 커졌다.

1990년대에는 '제7차 경제사회발전 5개년계획'(1992~1996)으로 민간 주도의 경쟁력을 갖춘 경제 체제를 구축하고, 시장개방 및 경제의 세계화 등에 대응하고자 하였다. 세계적으로 각국의 갈등이 해소되고 남북한 간에도 화해의 분위기가 무르익었다. 그동안 양적 성장에 집중하였다면 질적 성장으로 정책 방향을 바꾸었다. 사회간접자본에 대한 투자를 늘리고, 농어촌과 지방에 대한 투자 확대 및 사회복지제도 확충을 통해 사회적 평형과 균형발전을 이루고자 하였다. 또한 개방과 국제화를 추진하고 남북 간 경제교류와 협력 증가를 통한 통일 기반을 조성하는 전략을 제시하였다. 한편 1993년 2월 김영삼 대통령이 취임하고 기존 7차 계획을 대신하는 '신경제 5개년계획'(1993~1997)을 발표하였다. 경제 형태를 정부의 지시와 통제에서 정부와 민간이 참여하는 방식으로 전환하고자 하였는데, 당초 계획을 달성하지 못하고 IMF 경제위기로 인해 중단되었다.

1980년대 '제2차 국토종합개발계획'(1982~1991)은 인구의 지방 정착을 유도하고 국토 균형발전을 목표로 하였다. 국토 균형개발을 위한 다핵구조화(한 도시 내에 여러 중심지 배치), 중심 도시와 배후 지역을 통합하는 광역개발, 지역 격차 완화를 위한 투자의 적정 배분, 낙후 지역 중첩개발, 지방분권과 주민참여를 확대하였다. 1980년대 후반에는 '제2차 국토종합개발 수정계획'(1987~1991)이 시행되었다. 수도권 집중 억제를 시도하였으나 인구, 산업, 각종 기능이 지속해서 수도권에 집중되었기 때문에 중부권, 동남권, 서남권, 기타권 등의 지역경제권을 형성해 중추 기능을 분산하고자 하였다. 그러나 균형개발 목표는 제대로 구현되지 못하였고, 투자가 이루어진 곳과 아닌 곳으로 양분되어 지역 불균형이 개선되지 않았다.

'제3차 국토종합개발계획'(1992~2001)은 이전의 국토개발로 인한 문제점 해소를 지속해서 추구하였다. 수도권 인구 집중, 지역 간 소득 격차, 기반시설 부족, 환경오염 확산이 주된 문제였다. 지방분산형 국토 골격을 형성하고 자원을 절약할 수 있는 국토이용 체계를 구축하며 국민복지 향상과 국토 환경 보전에 힘쓰고 남북통일에 대비한 국토 기반 조성을 목표로 하였다. 특히 국토 균형개발을 위해 지방 도시의 중추 기능을 강화하고 신산업지대를 조성하는 전략을 채택하였다. 수도권 비대화를 견제하기 위해 전국 각 대도시의 특성에 맞는 중추 기능을 부여하였다. 그러나 각종 지역 균형발전 정책의 추진에도 불구하고 수도권 집중으로 빚어진 국토의 불균형은 쉽사리 해소되지 않았다. 수도권의 과도한 지배력과 지방의 공동화 문제는 2000년대 들어서 보다 강력한 지방 분산 정책을 추진하게 되는 배경이 되었다.

2000년대 이후

20세기 말 IMF 외환위기로 중단된 경제개발계획은 2003년 노무현 정부와 함께 새로운 이름으로 다시 시작되었다. 「국가균형발전특별법」을 수립하고 대통령 소속으로 국가균형발전위원회를 창설해 새로운 경제개발계획을 수립하고자 하였다. 1960년대 이후 경제적 압축성장을 달성하였지만, 경제와 함께 성장한 각종 문제점이 노출되었다. 특히 지역 간 불균형이 심각하였기 때문에 '제1차 국가균형발전 5개년계획'(2004~2008)이 2004년에 수립되었다. 명칭에서부터 국가의 경제적 균형을 도모하는 정책이었기 때문에, 각종 목표와 전략도 같은 방향을 향하고 있었다. 중앙과 지방 간 상호 연계를 중시하는 협력적 계획으로 지방의 역량과 선택에 기초해 지방이 주도적으로 계획을 수립하도록 한 최초의 상향식 계획이었다. 수도권의 경쟁력을 증진하면서도 지방의 상호 발전을 도모하는 상생적 계획이었다. 경제단위로서 국가보다 지역의 중요성이 대두되었기 때문이다.

이명박 정부는 국가균형발전위원회를 지역발전위원회로, 국가균형발전 5개년계획에서 '지역발전 5개년계획'(2009~2013)으로 좀 더 지역에 집중하는 명칭을 사용하였다. 광역경제권 5+2를 실시해 지역산업 글로벌 경쟁력을 강화하고 지역의 기업투자 활성화 여건을 조성하였으며, 지역산업 거점을 토대로 성장 역량을 확충하고자 하였다. 이후에 추진된 '지역발전 5개년계획'(2014~2018)도 2000년대 경제개발의 성격을 그대로 물려받아 지역발전과 지역경쟁력 강화와 동시에 주민의 삶의 질 개선도 함께 꾀하였다. 다만 광역경제권 5+2에서 지역행복생활권으로 교체, 중앙정부 정책 주도에서 주민과 지자체가 주도, 상향식·국민 체감 정책으로 전환하는 등 '지역행복생활권'을 위한 맞춤형 정책 방향으로 전환하였다.

국토계획은 정부 교체 시기에 따라 세 차례 수립되었다. '제4차 국토종합계획'(2000~2020)은 세계 경제의 자유화와 동북아 경제성장에 적극적으로 대응하는 국가경영 전략을 수립하고 지방자치 시대에 걸맞은 개발 전략으로 전환하며 지식정보화 시대에 적합한 국토 여건 조성 등 국토 정비에 중점을 두었다. 2003년 노무현 정부가 출범한 이후 '제4차 국토종합계획 수정계획'(2006~2020)을 수립하였다. 행정중심복합도시 건설, 공공기관 지방 이전 등 국가 중추 기능을 지방으로 분산하고 지역혁신 체계 구축에 따라 국토 공간구조 변화를 반영하고자 하였다. 2008년에 출범한 이명박 정부는 '일자리와 삶의 질이 보장되는 경쟁력 있는 지역 창조'를 비전으로 지역 간 협력과 상생을 통한 동반발전 추구를 기본방향으로 '제4차 국토계획 재수정계획'(2011~2020)을 수립하였다.

|표 1| 경제개발계획의 변화

	제1차 경제개발계획 (1962~1966)	제2차 경제개발계획 (1967~1971)	제3차 경제개발계획 (1972~1976)	제4차 경제개발계획 (1977~1981)
목표	• 사회경제적 악순환 시정 • 자립경제 기반 구축	• 산업구조 근대화 • 자립경제 촉진	• 성장, 안정, 균형	• 성장, 능률, 형평
정책 과제	• 농업생산력 증대 • 에너지공급원 확보 • 기간 산업 육성 • 사회간접자본 확충 • 국제수지 개선	• 식량자급 달성 • 수자원 개발 • 공업고도화 기반 조성 • 국제수지 개선 • 가족계획 추진, 인구 팽창 억제	• 주곡 자급화 • 중화학공업 건설 • 사회간접자본 확대 • 국토자원의 효율적 개발과 산업·인구의 적정 분산	• 투자재원 자립 조달 • 산업구조 고도화 • 새마을 사업 확대 • 과학기술 투자 확대
공업화 전략	• 기초 산업 육성 • 전력, 비료, 정유, 시멘트, PVC • 사회간접자본 정비	• 대외지향 공업화 • 합성섬유, 전기기계(TV, 냉장고) • 자본재 수입화 • 경공업 수출화	• 산업구조 고도화 • 중화학공업 육성 • 철강, 수송용 기계, 가정용 전자기계, 석유화학 콤비나트	• 기술, 고용집약적 산업개발 • 철강, 산업용 기계, 전자기기, 조선
주요 국토개발 사업	• 울산 개발 사업	• 고속도로 사업	• 새마을 사업	• 중화학공업단지 조성
1인당 GNP (달러) (연도)	87(1962) 125(1996)	278(1971)	803(1976)	1,734(1981)
상품수출액 (억 달러) (연도)	0.5(1962) 2.5(1996)	11(1971)	77(1976)	100(1977) 213(1981)
경제성장률	7.1%	9.3%	9.2%	5.4%

	제5차 경제사회발전계획 (1982~1986)	제6차 경제사회발전계획 (1987~1991)	신경제 5개년계획 (1992~1996)
목표	• 안정, 능률, 균형	• 능률, 형평을 토대로 경영 선진화·복지화	• 경쟁력을 갖춘 자율적 경제 체제 구축
정책 과제	• 물가안정 달성 • 비교우위 산업 육성 • 시장경쟁 촉진 • 대외개방 적극화, 사회개발 확충	• 적정 성장의 지속 • 국제수지 흑자기조 정착 • 산업구조 조정과 기술입국 • 지역 간 균형발전 • 국민복지 증진	• 경제개혁(제도, 의식) • 성장잠재력 확충 • 국제 시장 기반 확충 • 국민생활 여건의 개선
공업화 전략	• 선진국형 공업화 • 지식·정보집약산업 개발 • 정밀기계, 전자공업, 지식정보 산업	• 개방 체제하에서 산업구조 조정 • 기계, 자동차, 전자 중심 • 중소기업 육성	• 개방화, 국제화 • 기술개발 촉진 • 사회간접자본 확충
주요 국토개발 사업	• 아시안게임과 올림픽 준비 인프라 조성 사업	• 200만 호 주택 건설 사업	• 인천국제공항, 경부고속전철 사업
1인당 GNP (달러) (연도)	2,505(1986)	6,757(1991)	10,548(1996)
상품수출액 (억 달러) (연도)	347(1986)	719(1991)	1,297(1996)
경제성장률	10.5%	9.5%	6.7%

자료: 한국경제60년사편찬위원회(2010: 8).

|표 2| 국토개발계획의 변화

	제1차 국토종합개발 계획(1972~1981)	제2차 국토종합개발 계획(1982~1991)	제3차 국토종합개발 계획(1992~2001)
기본목표	• 국토이용관리 효율화 • 국토개발 기반 확충 • 국토자원개발과 자연 보전 • 국민생활 환경의 개선	• 인구의 지방정착 유도 • 개발 가능성의 전국적 확대 • 국민복지 수준의 제고 • 국토자연 환경의 보전	• 지방분산형 국토 골격 형성 • 생산적·자원절약적 국토이용 체계 구축 • 국민복지 향상과 국토 환경 보전 • 남북통일 대비 기반 조성
1인당 GNP(달러)(연도)	319(1972)	1,824(1982)	7,007(1992)
수도권 인구집중도(연도)	28.3%(1970)	35.5%(1980)	42.8%(1990)
개발 전략 및 정책	• 대규모 공업 기반의 구축 • 교통통신, 수자원 및 에너지 공급망 정비 • 부산 지역 개발을 위한 지역 기능 강화	• 국토의 다핵구조 형성과 지역생활권 조성 • 서울, 부산 양대 도시의 성장억제 및 관리 • 지역 기능 강화를 위한 교통·통신 등 사회간접 자본 확충 • 후진 지역의 개발 촉진	• 지방 육성과 수도권 집중 억제 • 신산업지대 조성과 산업구조의 고도화 • 종합적 고속교류망 구축 • 국민생활과 환경 부문 투자 증대 • 남북교류 지역의 관리
공간개발 전략 및 이론 배경	• 성장거점 개발 방식 – 서울·인천·부산·대구 • 권역별 개발 방식 – 4대권, 8중권, 17소권	• 분산형 거점 개발 방식 • 지역생활권 방식 – 28개 지역생활권 설정(생활권별로 성장거점 포함)	• 다핵 개발 방식 • 지역경제권 개발 방식 – 수도권, 동남권, 서남권, 중부권 등 4개 지역경제권
특징 및 문제점	• 거점개발 방식의 채택 • 경부축 중심의 양극화 초래	• 양대 도시의 성장억제 및 성장거점 도시 육성에 의한 국토 균형발전 추구 • 구체적 집행수단 결여로 국토의 불균형 지속	• 세계화·개방화·지방화 등 여건 반영 미흡 • WTO 출범 등 국토 개발의 기조 변화

	제4차 국토종합계획(2000~2020)	제4차 국토종합계획 수정계획(2006~2020)	제4차 국토종합계획 재수정계획(2011~2020)
기본목표	• 계획의 기조 – 21세기 통합국토의 실현	• 계획의 기조 – 약동하는 통합국토	• 계획의 기조 – 글로벌 녹색국토
	• 계획의 목표 – 균형국토 – 녹색국토 – 개방국토 – 통일국토	• 계획의 목표 – 상생하는 균형국토 – 경쟁력 있는 개방국토 – 살기 좋은 복지국토 – 지속 가능 녹색국토 – 번영하는 통일국토	• 계획의 목표 – 경쟁력 있는 통합국토 – 지속가능한 친환경 국토 – 품격 있는 매력국토 – 세계로 향한 열린국토
1인당 GNP(달러)(연도)	10,841(2000, GNI)	12,030(2003, GNI)	
수도권 인구집중도(연도)	46.3%(2000)	47.6%(2003)	
개발 전략 및 정책	• 개방형 통합국토축 형성 • 지역별 경쟁력 고도화 • 건강하고 쾌적한 국토 환경 조성 • 고속교통정보망 구축 • 남북한 교류협력 기반 조성	• 자립형 지역발전 기반 구축 • 동북아시대 국토경영과 통일 기반 조성 • 네트워크형 인프라 구축 • 아름답고 인간적인 정주 환경 조성 • 지속가능한 국토 및 자원관리 • 분권형 국토계획 및 집행 체계 구축	• 국토경쟁력 제고를 위한 지역 특화 및 광역적 협력 강화 • 자연친화적이고 안전한 국토 공간 조성 • 쾌적하고 문화적인 도시·주거 환경 조성 • 녹색교통·국토정보 통합 네트워크 구축 • 세계로 열린 신성장 해양 국토 기반 구축 • 초국경적 국토경영 기반 구축
공간개발 전략 및 이론배경	• 개방형 통합국토축 – 연안국토축, 동서내륙축 • 광역개발 방식 – 10대 광역권(신산업 기지, 대도시, 연담 도시형)	• 3개 국토축 – 남해안, 서해안, 동해안 • 7+1 경제권역 설정 → 다핵연계형 국토 구조	• 초광역개발권 – 개방형 국토발전축 형성으로 초국경적 교류·협력 기반 강화 • 5+2 광역경제권역 설정 – 거점도시권 육성, 지역 자립적 발전
특징 및 문제점	• 개방형의 π형 연안국토축과 10대 광역권을 개발하여 지역 균형개발 촉진 • 국토 환경의 적극적 보전을 위해 개발과 환경의 조화 전략 제시	• 국토 균형발전 정책 추진 – 분산형 국토개발(행정중심복합도시, 혁신 도시, 기업 도시) • 경제자유구역, 특구 등	• 중앙배분·중앙의존적 방향에서 지역·민간 주도 방식으로 전환 • 대규모 국책 사업 및 지역 개발계획의 중복·과잉

자료: 한국경제60년사편찬위원회(2010: 13)에서 재구성.

3

산업 정책 변화와 산업단지의 성장

한국의 경제성장과 산업단지

시기별 산업 정책과 산업단지 개발

클러스터 기반 정책의 변화

한국의 경제성장과 산업단지

1948년 정부 수립 이후 1960년대 초까지 한국은 농업이 주된 경제 활동인 1차 산업 중심의 경제 체제와 산업구조를 나타냈다. 농림·어업 분야가 국내 총생산의 40% 이상, 취업자의 60% 이상을 차지하였고, 반면 제조업은 국내 총생산의 20% 미만, 취업자의 10% 미만으로 나타났다. 1960년대 초반부터 한국은 산업화를 통한 본격적인 경제성장에 돌입하는데, 이 때부터 제조업이 한국의 경제성장에서 중요한 역할을 하였다. 수출 주도형 공업화와 경제성장으로 전략을 전환하면서 정부 주도형 산업발전 정책을 추진하였다. 1960년대에는 경공업 위주의 수출 주도형 전략을 추진하여 섬유 제품, 합판, 가발, 신발 등이 주요 수출품이었다. 1970년대부터는 정부 주도의 중화학공업 육성 정책을 추진하였고, 철강, 자동차, 반도체, 컴퓨터, 스마트폰 등 첨단기술 산업 제품들이 중요한 위치를 차지하는 등 변화를 보였다.

산업구조는 일반적으로 농림·어업, 광업 및 제조업, 서비스업 및 기타의 비중을 통해 살펴본다. 부문별 취업자 수를 통해 살펴보면, 1960년대 이래 농림·

어업의 지속적인 감소, 광업 및 제조업의 증가와 이후 감소, 서비스업 및 기타 부문의 지속적 증가로 나타난다. 또한 부가가치 지표를 통해 보더라도, 농림·어업은 1950년대 40% 이상에서 지속적으로 감소하여 2010년대 2%대로 하락하였다. 제조업은 1950년대 12%대에서 꾸준히 증가하여 1988년 31%를 정점으로 감소하다가 2000년대 후반 다시 증가하여 2011년에 31.5%를 기록하고 30% 안팎에서 유지되고 있다. 서비스업은 지속해서 증가하여 60% 이상의 비중을 차지하였다. 이는 한국의 산업구조가 1차 산업 중심에서 2·3차 산업 중심으로 빠르게 개편되었음을 보여 준다. 이와 같은 농림·어업 비중 감소와 제조업 비중 증가의 산업구조 변화는 다른 나라에서도 비슷하게 나타난다. 그러나 우리나라의 경우에는 이러한 변화가 매우 빠른 속도로 진행되었다. 선진국들이 몇백 년 동안 겪은 변화를 우리나라는 본격적인 산업화를 시작한 지 30여 년 정도의 기간 동안 겪었다. 이렇게 한국의 산업화는 압축성장으로 특징지을 수 있다.

제조업은 크게 경공업과 중화학공업으로 구분되는데, 경공업은 음식료, 섬유의복, 목재 및 인쇄, 고무 및 플라스틱 제품, 가구, 기타 제품 제조업이 포함된다. 중화학공업은 펄프 및 종이 제품, 석유 및 화학 제품, 의약품, 비금속 광물, 1차 금속 및 금속가공 제품, 전기·전자, 기계, 자동차 및 운송 장비 제조업 등이 포함된다. 한국의 산업은 1970년대 초까지 경공업 중심의 요소 주도형 산업구조를 유지하였고, 1970년대 중반 이후부터는 중화학공업 중심의 투자 주도형 산업구조로 전환하였다. 1980년대 이후에는 기술개발 투자와 고급 기술인력 양성을 통한 혁신 주도형 산업구조로 변모하였다. World Bank(2020) 보고서에서도 한국이 제조업 혁신 활동을 중심으로 글로벌 가치사슬(global value chain)에 참여하고 있음이 나타났다. 글로벌 가치사슬 참여 유형에 따른 국가 분류•를 살펴보면, 한국은 1990년 고차 제조 및 서비스 국가에서 2015년 혁신 활동 국가로 그 위상이 높아졌다.

1960년대 이후 우리나라는 수출을 통한 경제성장을 이루기 위해 공업단지(현 산업단지)와 공업 도시를 조성하여 수출 산업을 적극 육성하기 시작하였다. 1962년 울산공업단지, 1964년 서울 한국수출산업공업단지(구로공단)를 시작으로, 1960년대 후반부터 1970년대까지 여천(여수), 포항, 구미, 인천, 창원, 반월(안산) 등 여러 지역에 공업단지 조성 및 공업 도시 건설이 이

글로벌 가치사슬 참여 유형에 따른 국가 분류: World Bank(2020)에서는 수출 상품과 서비스 품목, GVC 참여 정도, 혁신 지표 등을 기준으로 각 국가를 원자재(1차 상품) 국가(commodities), 저차 제조 국가(limited manufacturing), 고차 제조 및 서비스 국가(advanced manufacturing and services), 혁신 활동 국가(innovative activities) 유형으로 구분하였다. 먼저 제조업 비중 60%를 기준으로 원자재(1차 상품) 국가와 나머지 국가를 구분한다. 원자재(1차 상품) 국가는 수출에서 (국내) 부가가치 총액 중 제조업 비중이 60% 미만인 국가로 제조업에 대한 수출 의존도가 낮은 국가이다. 다음으로 제조업 비중이 60% 이상인 국가 중에서 지적재산권 비중과 연구개발 집약도가 높은 국가를 혁신 활동 국가로 분류한다. 남은 국가 중 수출에서 (국내) 부가가치 총액 중 제조업 및 비즈니스 서비스 비중이 80% 이상인 국가를 고차 제조 및 서비스 국가로, 그 외의 국가를 저차 제조 국가로 분류한다.

루어졌다.

최초의 산업단지: 세계 최초의 산업단지는 영국에서 시작되었는데, 1896년 맨체스터 지방의 트래포드 공업단지(Trafford Park Estate)이다(이인희·김걸 2022). 당시 면적이 1,200Acre(4,856,228m²)로 축구장 680개에 달하는 대규모 임해 중공업단지로, 맨체스터 운하의 개통으로 해양 접근성이 향상된 장점을 가졌다. 미국, 일본 등 선진국에서는 1900년도 초반에 산업단지를 개발하기 시작하였고, 제2차 세계대전 이후인 1950년대 이후로 개발도상국을 포함한 전 세계적으로 산업단지 개발이 급증하였다(유영휘 1998).

산업단지•는 한국 경제성장에서 큰 역할을 하였다. 산업단지는 산업시설의 입지를 위해 종합적 계획을 수립하고 이에 따라 개발되고 관리되는 토지를 뜻한다. 과거에는 산업단지 대신 '공업단지'라는 용어를 사용하였는데, 물품을 제조 또는 가공하는 기업체를 집단적으로 설치, 육성하기 위하여 포괄적인 계획에 따라 구획하고 개발된 일단의 공업용지(工業用地)를 의미한다. 즉, 생산을 위한 제조업체의 집적지 조성이 주요 목적이었다. 이후 경제 환경의 변화와 지식 기반 경제로의 전환을 반영하기 위해 1995년 법률 개정을 통해 '산업단지'로 명칭을 변경하였다. 「산업입지 및 개발에 관한 법률」(약칭 산업입지법)에서 정의된 산업단지는 공장, 지식산업 관련시설, 문화산업 관련시설, 정보통신산업 관련시설, 재활용산업 관련시설, 자원비축시설, 물류시설, 교육·연구 시설 등 산업시설용지와 이와 관련된 교육·연구·업무·지원·정보처리·유통시설 및 이들 시설의 기능 향상을 위하여 주거·문화·환경·공원녹지·의료·관광·체육·복지 시설 등을 집단적으로 설치하기 위하여 포괄적 계획에 따라 지정·개발되는 일단(一團)의 토지를 의미한다. 즉, 생산에만 중점을 둔 공단에서 변모하여 지원 서비스, 연구개발 등 다양한 활동이 가능해졌다. 산업단지는 크게 국가산업단지, 일반산업단지, 도시첨단산업단지, 농공단지로 구성되어 있다•. 국가산업단지는 중앙정부(국토교통부 장관)가 지정하고, 일반산업단지는 지방자치단체(시·도지사 또는 대도시 시장)가 지정한다. 농공단지(農工團地)는 특별자치도지사 또는 시장·군수·구청장에 의해서 지정된다.

우리나라는 기반시설의 공급과 국토관리, 기업 집적 효과를 위해 1960년대부터 산업단지를 육성해 왔다. 1960년대부터 본격적으로 추진된 국가 주도의 경제성장 정책 추진은 산업 기반 조성에 영향을 주어 산업단지 개발이 시작되었다. 1962년 경제개발 5개년계획 도입과 함께 1962년 1월 울산공업기지 개발계획이 발표되었다. 또한 1964년 제정된 「수출산업공업단지 조성법」에 따라 한국수출산업공업단지 제1, 2, 3단지가 서울 구로동에 조성되었고, 이를 바탕으로 제4, 5, 6단지가 인천의 부평과 주안에 건설되었다. 한국수출산업공업단지의 성공을 바탕으로 1966년부터는 지방도시에 산업단지를 개발하기 시작하였고, 1970년대부터는 지방 중소 도시로 산업단지 개발이 확산되어 한

한국 산업단지의 종류

- 국가산업단지: 국가기간산업, 첨단과학기술산업 등을 육성하거나 개발 촉진이 필요한 낙후 지역이나 둘 이상의 특별시, 광역시, 특별자치시 또는 도에 걸쳐 있는 지역을 산업단지로 개발하기 위하여 지정된 산업단지.
- 일반산업단지: 산업의 적정한 지방 분산을 촉진하고 지역경제의 활성화를 위하여 지정된 산업단지.
- 도시첨단산업단지: 지식산업, 문화산업, 정보통신산업, 그 밖의 첨단산업의 육성과 개발 촉진을 위하여 「국토의 계획 및 이용에 관한 법률」에 따른 도시 지역에 지정된 산업단지.
- 농공단지: 대통령령으로 정하는 농어촌 지역에 농어민의 소득 증대를 위한 산업을 유치, 육성하기 위하여 지정된 산업단지.

국 경제성장의 원동력 역할을 하였다.

한편 1960~1970년대 경제개발을 위한 하향식 산업단지 조성을 일방적인 국가 주도의 발전주의 국가의 시각에서 보는 것에 이의를 제기하는 관점이 있다. 독립적이고 자율적 관료 집단이 국민경제 전체의 장기적 이익을 위해 계획 합리성을 발휘한 결과물로만 볼 수는 없다는 것이다(황진태·박배균 2014). 국가 주도로 이루어진 개발이지만 산업단지로 지정되기 이전부터 역사적이고 공간적인 맥락이 존재하였고, 중앙정부 외에도 다양한 행위자들 사이의 복합적 상호 작용이 이루어졌으며, 이러한 행위자들은 글로벌, 국가, 지역, 도시 등 여러 지리적 규모에서 작동하였다(박배균 외 2014). 중앙정부의 계획하에서 경제 정책과 산업입지 정책이 추진되었지만, 일방적 의사결정에 의해서만 산업단지가 건설된 것이라기보다는 해외 행위자, 지방자치단체와 지방 자본가들의 역할이 상당하였다.

산업단지 조성을 둘러싼 정치·사회·경제적 과정을 살펴보기 위해 박배균 외(2014)에서는 산업단지의 지정과 착공 사이의 기간을 분석하였다. 산업단지 지정 후 바로 착공이 된 것은 건설 재원 조달이 상대적으로 수월하였음을 의미하고, 이것은 정부의 정책 의

지가 매우 강하였거나 영향력 있는 정치인, 자본가나 사회 세력들이 적극적인 로비를 하였거나, 국내외 특정 자본가 집단이 적극적으로 투자하는 등의 조건이 성립하였다는 것이다. 반면 지정과 착공 사이의 기간이 긴 것은 이러한 조건이 충족되지 않았음을 의미한다. 포항·창원·여수·구미 산업단지의 경우 규모도 크지만, 산업단지로 정식으로 지정되기 이전에 이미 공단 조성이 시작되어서 정부의 정책 의지가 매우 크게 작용하였고 국가적 역량이 집중되어 성장할 수 있었다. 그러나 다른 한편으로는 산업단지 계획과 건설이 일관적이고 체계적이지 않았고, 확고한 정부 정책 의지 이전에 다른 사회적 행위자의 노력과 힘이 작용하였음을 나타낸다.

시기별 산업 정책과 산업단지 개발

한국 산업단지 개발의 역사에 대한 여러 가지 자료들을 살펴보면, 대체로 아래와 같이 시기적 특성을 설명하고 있다(유영휘 1998; 이삼수 외 2013; 한국산업단지공단 2015; 류승한 2018; 이인희·김걸 2022). 1960년대 경제 정책의 태동과 함께 산업단지가 개발되기 시작하였고,

1970년대 중화학공업을 위한 공업단지 조성이 본격화되어 산업단지와 입주 기업이 한국 수출 성장에 큰 역할을 하였다. 1980년대에는 대도시 및 대규모 거점개발 방식으로 집중된 산업단지를 재조정하고 지역 간 격차 해소 및 중소기업 육성을 위한 정책적 모색이 시작되어 지방 공업단지 개발이 주목받았다. 1990년대에는 지식 기반 사회 도래와 함께 산업단지의 패러다임이 전환되기 시작하면서 다양한 형태의 산업단지에 대한 수요가 발생하여 관련 제도가 재정비되었다. 2000년대에 이르러서는 산업구조 고도화에 대한 필요성이 커졌고 클러스터 개념이 산업단지에 적용되기 시작하였으며, 2010년대에는 혁신적 산업단지를 향한 변화와 산업단지 재생에 대한 논의가 이루어졌다.

1960년대: 산업단지의 태동

일제 강점기와 해방, 한국전쟁과 분단의 혼돈 이후 1960년대 조반까지 공업화를 위한 기빈시설이나 공업입지에 대한 법률과 제도가 상당히 미흡한 상황이었다. 이에 대부분의 공업입지는 시장, 교통, 원료, 노동력 등을 고려한 기업의 의사결정에 의해 결정되었다. 소비재 생산이 주를 이루었기 때문에 노동력 수급이

쉽고 소비 시장이 가까운 서울, 인천, 부산, 대구 등 몇몇 도시와 그 주변 지역에 기업입지가 집중되었다.

1962년 정부의 경제개발계획 수립으로 본격적으로 강력한 공업화 전략이 추진되었는데, 이를 위한 사회간접자본 시설과 대규모 공장 건설을 위한 법적·제도적 지원 필요성이 제기되었다. 또한 대규모 공업단지 건설 자체가 지역개발을 선도하게 되면서 공업단지의 계획입지 중요성이 부각되었다. 1962년 1월 「공업지구 조성을 위한 토지수용 특례법」이 제정되었는데, 이에 따라 특정공업지구의 범위와 공업지구 조성 계획이 정해지면 「토지수용법」에 의한 사업 인정의 절차를 밟을 필요 없이 공업단지 개발을 신속하게 추진할 수 있게 되었다(한국산업단지공단 2015). 또한 1962년 1월 제정된 「도시계획법」은 도시계획 범위 내에서의 공업용지 조성에 관한 내용을 담아 공업단지 개발을 지원하였다. 이러한 법적·제도적 장치에 의해 울산이 최초 공업지구로 지정되었는데, 이와 같이 울산은 '특정공업지구' 형식으로 시작되었으며 이후 공업단지로 명칭이 변경되어 산업단지 체계에 통합되었다. 이듬해 1963년 10월에는 「국토건설종합계획법」이 제정되어 정부가 주도해 공업입지를 선정하고 조성할 수 있는 근거를 규정하였다.

1960년대 자본, 기술, 자원이 부족한 상황에서 정부는 풍부한 노동력을 활용해 경공업 수출 성장 정책을 추진하였다. 1963년 3월 정부, 경제단체, 대기업, 중소기업 등 여러 경제 주체가 모여 '수출산업촉진위원회'를 구성하였고, 가장 먼저 수출산업실태조사단을 일본에 파견해 재일교포 기업인들의 투자 유치를 모색하였다. 재일교포 기업가들은 산업 계열화를 통한 대량생산을 위해 집단화한 공업단지에 대한 필요성을 피력하였고, 이들의 자본과 기술을 활용하고자 서울 근교에 경공업 중심 수출산업 지역을 추진하였다. 1963년 8월 '수출산업공업단지육성위원회'를 설치하였고, 서울 구로동과 인천 부평 지역을 검토하기 시작하고 가발, 섬유, 봉제 산업 등 경공업을 육성하기로 하였다. 1963년 10월 (주)한국수출산업공단이 설립되어 구로동을 1차 계획 예정지로 정하고, 이듬해 1964년 9월 「수출산업공업단지개발조성법」이 세정되어 최초로 '공업단지'라는 용어를 사용해 계획입지의 효시인 한국수출산업공업단지 개발이 본격화되었다(한국산업단지공단 2015). 이 법에 의해 최초로 조성된 산업단지가 한국수출산업공업단지로 1964년 서울 구로공단(1~3단지)을 시작으로, 인천 부평·주안(4~6단지), 구미, 이리(현 익산)에 공업단지가 조성되었다.

수출 주도형 공업 육성을 위한 공업단지 조성과 함께 국가기간산업 육성을 위한 공업단지 지정도 이어졌다(한국산업단지공단 2015). '제1차 경제개발 5개년계획' 기간 중 비료, 정유, 시멘트와 같은 1차 원료 산업의 수입대체 전략이 강력하게 추진되었는데, 비료공업은 충주와 나주에 공장이 건설되었다. 정유공업은 특정공업지구로 지정된 울산에서 비료, 화학, 전력 등 기간산업 건설과 부대 사업이 함께 추진되었으며, 연관 산업인 비료·화학 공장이 장생포지구, 여천지구에 건설되었다. '제2차 경제개발 5개년계획' 기간에는 중화학공업 기반을 구축하기 위한 여러 법적·제도적 지원이 마련되었다. 1967년 「기계공업진흥법」, 「조선공업진흥법」, 「섬유공업근대화촉진법」이 제정되었고, 1969년 「전자공업진흥법」이 제정되었으며, 1970년 「석유화학공업육성법」, 「철강공업육성법」이 제정되었다. 이러한 맥락에서 1967년 「도시계획법」상 공업용지 조성을 위한 사업지로 포항이 제철공업 입지로 선정되었고, 1969년 전자공업 육성을 위한 대규모 전자전문단지 조성 필요성이 제기되면서 구미공업단지가 태동되었다.

1970년대: 중화학공업단지 조성

1970년대로 접어들면서 정부 주도의 중화학공업 육성 정책이 시작되었다. 조선, 기계, 철강, 석유화학 등은 단일 품목 수출 금액이 크고, 산업 전반에 대한 전후방 효과가 크며, 군수 산업의 육성에도 영향을 끼치기 때문에 이러한 중화학공업 육성의 필요성이 강조되었다(한국산업단지공단 2015). 1972년부터 '제3차 경제개발 5개년계획'이 추진되기 시작하였는데, 연이어 1973년 1월 '중화학공업화'를 선언하고 기술·자본 집약적인 중화학 부문의 수출 산업 육성을 추진하기 시작하였다. 1973년 2월 '중화학공업추진위원회'를 설립하고 6월에 '중화학공업 육성계획'을 발표하였는데, 철강, 기계, 조선, 전자, 석유화학, 비철금속을 주도 업종으로 정하였다. 국내 중화학공업 비율은 1971년 35.2%였는데 이것을 10년 후인 1981년까지 51.5%로 증가시키고, 수출구조 측면에서도 중화학공업 제품 비율을 19.1%에서 60% 이상으로 증가시키는 계획이 발표되었다(한국산업단지공단 2015).

1960년대 초부터 여러 가지 법과 제도들이 공업단지 개발을 위해 마련되었으나 충분한 행정적·재정적 지원이 부족하였고, 1963년 「국토건설종합계획법」이 제정되었으나 여전히 개별적으로 공업단지 개발이 이루어지고 있었다. 1973년에는 중화학공업단지를 효과적으로 조성하기 위해 「산업기지개발촉진법」이 제정되었고, 중화학공업을 육성하기 위한 기초 작업으로 '산업기지개발사업'을 규정하였는데, 공장용지 조성, 항만 축조, 공업용수 및 생활용수 공급, 교통 및 유통업무 시설 사업, 전기·통신·가스·유류·원료 수급, 공공건축물 및 토지·주택 사업 등이 속하였다. 또한 이러한 사업을 시행하기 위한 '산업기지개발공사'(현 한국수자원공사)를 설치하여 사업 추진의 효율성을 높였다.

'중화학공업화' 선언과 「산업기지개발촉진법」 제정으로 창원, 여천, 온산, 구미, 포항 등에 대규모 공업단지 조성이 시작되었다. 개별 산업단지에 특정 산업을 특화시켜 집중시키는 전략이 추진되었는데, 창원 기계, 여천 석유화학, 온산 비철금속, 포항 철강, 거제 조선, 구미 전자 등의 중화학공업단지가 조성되었다. 염분에 취약한 반도체를 다루는 전자산업(구미)을 제외하고 모두 임해 지역에 조성되었으며 동남해안 중화학공업 벨트를 형성하였다.

중화학공업의 핵심은 기계공업으로 1973년 9월 창원에 창원종합기계공업기지(현 창원국가산업단지) 건설

계획이 확정되었고, 1974년에 24개 기업을 시작으로 입주가 시작되었다. 1973년 여수는 제2석유화학공업단지 입지로 결정되면서 여천종합화학기지(현 여수국가산업단지)로 조성되었다. 또한 1973년 비철금속제련 사업 육성계획에 따라 울산군 온산면에 4개 제련소 신설이 결정되었다. 포항은 포항종합제철 건설과 연계하는 한편 「산업기지개발촉진법」의 철강공업 육성에 의해 1975년 포항철강공업기지 개발구역으로 지정되었다. 1972년 완공된 1단지에 이어 포항철강공업단지 2단지가 1978년 착공되었다. 한편 전자공업전문단지 조성을 위해 내륙에 위치한 구미가 선정되었고, 1972년 구미전자공업단지의 건설이 결정되었다. 1970년대 초반 이러한 중화학공업 육성이 집중적으로 추진되었는데, 1979년에 이르러 중화학공업 비중이 경공업을 앞질러 51.2%에 달하고 수출 비중도 38.4%를 기록하였다(한국산업단지공단 2015).

서울 등 대도시권 내 공업 집중 현상을 완화하기 위한 정책도 추진되어 '제4차 경제개발 5개년계획'에서는 대도시 지역의 공업 집중 억제와 지방 분산 정책이 추진되었다(한국산업단지공단 2015). 당시 수도권 제조업체 비중이 40%에 육박하였고, 특히 서울의 비중은 업체 수의 약 25%, 생산액의 약 27%에 달해 집중 현상이 심각하였다. 더군다나 비도시형 공업의 집중이 상당하였기에 도시 환경 악화 등의 문제가 있었다. 이에 1977년 12월 「공업배치법」이 제정되고 1979년부터 시행되었는데, 서울을 비롯한 대도시에 무질서하게 입지한 공장들을 지방으로 분산시켜 서울과 부산 등의 인구 집중을 막고 지역 간 균형발전을 도모하는 목적을 가졌다. 이와 연관된 것이 반월공업단지인데 수도권의 과밀 지역에 소재한 중소기업을 이전시키기 위한 대규모 중소기업단지로 개발된 것이다.

공업배치법: 공업배치법에 따르면 먼저 공업배치기본계획을 수립해 업종별, 지역별로 공업을 적정 배치하기 위해 공장 이전이 필요한 이전 촉진 지역, 공장 설치 억제가 필요한 제한 정비 지역, 공장의 집중적 유치가 필요한 공장 유치 지역을 지정한다. 이전 촉진 지역은 산업의 밀집도와 인구증가율이 현저히 높아 공장 이전이 필요한 대도시 및 주변 지역, 제한 정비 지역은 공장의 신설 또는 증설의 제한이 필요한 지역이다. 반면 공장 유치 지역은 공업의 밀집도가 낮고 인구 및 공업의 수용 효과가 크며 기존 산업과의 계열화가 가능하고 공업용지, 용수, 전력 등 지원시설의 정비가 용이한 지역으로 산업의 밀집도가 낮아 공업 유치와 고용 증대가 필요한 지역으로 정하였다.

1980년대: 지방공업단지 개발

1970년대까지의 거점개발 전략은 수도권과 동남권 일부 지역에 공업 및 인구의 집중을 야기해 과밀·과대 문제를 초래하였으며, 반면에 낙후 지역에는 산업이 침체되는 결과를 낳았다. 대도시 과밀화와 국토 양극화 현상을 시정하기 위해 '제2차 국토종합개발계획'(1982~1991)에서는 국토 균형개발에 대한 정책이 반영되었다. 그동안의 집적 이익 추구 방식에서 그것을 확산하는 광역개발 정책으로 전환하였는데, 생산 환경 중점개발에서 국민의 생활 환경에 초점을 둔 것이었다

생활권: 전국을 28개의 지역 생활권으로 구분하고 성격과 규모에 따라서 5개의 대도시 생활권, 17개의 지방 도시 생활권, 6개의 농촌 도시 생활권으로 각각 계층화하였다.

(한국산업단지공단 2015). 성장거점 도시는 15개 도시(대전, 광주, 대구, 춘천, 원주, 강릉, 청주, 천안, 전주, 남원, 순천, 목포, 안동, 진주, 제주)가 지정되어 인구의 지방 분산과 정착을 유도하였다.

1982년에는 「수도권정비계획법」이 제정되면서 수도권을 이전촉진권역, 제한정비권역, 개발유도권역, 자연보전권역, 개발유보권역 등으로 구분하고 수도권에 기업의 입지가 제한되었다•. 또한 「중소기업기본법」과 「중소기업진흥법」을 개정해 지방 산업단지에 입주하였거나, 농어촌 지역에서 창업하였거나 수도권 이외 지역에서 기술집약형으로 창업한 중소기업에 혜택을 부여하며 중소기업의 지역입지를 촉진하였다. 이러한 배경하에 수도권 지역의 공업 과밀화를 억제하고, 특히 중소기업을 분산시키기 위해 수도권 주변 지역에 시화공업단지, 남동공업단지 등이 조성되었다. 1985년 반월공업단지의 분양이 마무리되면서 신규 공업입지로 반월과 인접한 시화지구 개발로 확장되었고 1987년 시화지구 개발 사업이 본격화되었다. 남동공업단지는 1980년대 초 서울에 위치한 용도 지역 위반 공장을 강제 이전시키는 과정에서 염색공장 등 영세업체의 공장용지 마련과 관련되어 1985년부터 조성이 시작되었다.

수도권정비계획법에 따른 수도권 지역 구분: 이전촉진권역과 그 주변 구역인 제한정비권역은 인구 및 산업의 유입이 과도하게 집중되었거나 집중될 우려가 있는 지역으로 정비가 필요한 구역으로 지정되었다. 인구와 산업이 상대적으로 과소한 지역인 개발유도권역은 이전촉진권역으로부터의 인구와 산업의 계획적인 유도가 필요한 구역으로 지정되었다. 자연보전권역은 자연보전과 녹지 확보가 필요한 구역, 개발유보권역은 개발의 유보가 필요한 구역이었다.

반월·시화공단, 남동공단은 1980년대 수도권 외곽에 조성된 중소기업 육성 산업단지인 반면, 그동안 경제성장에서 소외된 지역의 공업 활성화를 위한 정책이 호남권과 충청권에 이르는 서남부 지역에서 이루어졌다. 중국의 개방과 서해안 개발의 중요성이 높아진 것에 대응하기 위해 아산만 일원, 군산·장항 일대, 광주, 대불 등지에 산업단지가 개발되기 시작하였다. 그러나 이들 산업단지들은 산업 기반이 취약하고 성급하게 추진되면서 1990년대 장기 미분양 사태가 발생하기도 한다. 1983년에는 「농어촌소득원개발촉진법」을 제정해 농어촌 지역에 농공단지 조성을 적극적으로 추진하며 전국적으로 공업단지가 설립되는 기반이 마련되기도 하였다.

특정 산업의 선별적인 육성에 집중하던 것과 달리, 균형 있는 공업발전과 합리화가 중요시되면서, 과거 업종별로 제정되었던 「기계공업진흥법」, 「조선공업진흥법」, 「전자공업진흥법」, 「철강공업육성법」, 「비철금속제련사업법」, 「석유화학공업육성법」, 「섬유공업근대화촉진법」 등의 7개 법이 폐지되고 「공업발전법」으로 통합 제정되었다. 이것은 관 주도의 성장에서 민간 주도 형태로 산업 정책을 전환하고자 한 것이다.

1990년대: 산업단지 패러다임 전환

경제개방과 국제화, 기술 중심 경제 체제의 도입으로 산업단지의 패러다임도 전환되었는데, 지방과 중소기업 중심으로의 변화를 모색하게 되었다. 국토 균형발전 기조는 그대로 유지하되 기술집약 산업을 육성해 지식 기반 경제구조 전환에 대응하기 위함이었다.

'제3차 국토종합개발계획'(1992~2001)은 지방분산형 국토 골격 형성, 생산적 자원절약형 국토이용 체계 구축, 국민복지 향상과 국토 환경 보존, 남북통일에 대비한 국토 기반 조성 등을 목표로 하였다. 산업단지 측면에서는 서남부 신산업지대 조성에 중점을 두어 서해안의 대불, 군장, 아산 등에 대규모 공업단지 개발이 본격화되었다. 1993년부터 문민정부는 '신경제 5개년계획'을 추진하였는데, 재정·금융·행정 규제, 경제의식 등 4대 개혁과제와 성장잠재력 강화, 국제 시장 기반 확충, 국민 생활여건 개선 등 경제시책 3대 중점과제를 제시하였다. 이와 관련된 중소기업 정책으로 대기업과의 상호 보완적 협력 관계 강화와 중소기업 창업 지원이 강조되었다.

또한 이 시기에 산업단지 개발 및 관리에 관한 복잡한 법률들이 통폐합되었다. 당시 복잡하게 구성되어 있던 공업입지 관련 법률의 단순화와 통폐합도 시작되었다. 토지 이용 관련 법령 체계는 「국토건설종합계획법」, 「국토이용관리법」 하에서 부처별로 개별법이 제정되어 있었고, 공업입지 관련 법률 역시 복잡한 구조로 되어 있었다. 「산업기지개발촉진법」, 「지방공업개발법」, 「농어촌소득원개발촉진법」 등 공업입지 관련 법률 개편을 추진한 끝에 1990년 1월 「산업입지 및 개발에 관한 법률」(약칭 산업입지법)이 산업단지 개발의 근거법으로, 「공업배치 및 공장설립에 관한 법률」이 산업단지 관리 근거법으로 제정되었다. 결과적으로 우리나라 산업단지 개발과 관리에 관한 법률이 이 양대 법으로 재정비되었다(한국산업단지공단 2015). 이로 인해 공식적으로 공업단지는 산업단지로 개편되었고, 제조업뿐 아니라 지식 기반 산업• 및 지원 서비스(교육, 연구, 물류 등)가 산업단지 제도에 포함되었다.

이와 같이 기업의 다양한 입지 수요와 여러 가지 경제 및 산업 환경 변화에 대응하고자 다양한 유형의 산업단지가 도입되었다. 특히 1990년대 지방자치제 도입으로 지방 중소기업 육성이 강조되었고, 국제적 기술혁신과 정보화 상황에 대응하고자 지방 대도시를 중심으로 첨단과학 산업단지와 테크노파크 조성이 이

산업입지법에서 규정한 지식 기반 산업: '전문 분야에서의 지식을 기반으로 하여 창의적 정신 활동에 의해 고부가가치의 지식 서비스를 창출하는 데 기여할 수 있는 산업'으로 컴퓨터 소프트웨어 개발업, 연구개발업, 엔지니어링서비스업, 패션디자인업 등이다.

루어졌다. 국제화로 해외 기업들이 국내 진출할 경우 경제가 종속될 가능성이 커지자 첨단 산업과 정보 산업을 육성하기 시작하였는데, 마이크로일렉트로닉스, 메카트로닉스, 신소재, 정밀화학, 생물 산업, 광산업 및 항공 산업의 7개 분야를 지정하고 '첨단산업발전 5개년계획'을 수립하였다. 국가산업단지인 광주첨단과학산업단지를 비롯해서, 대전, 부산, 대구, 강릉, 전주, 오창 등지에 지방과학산업단지의 조성이 시작되었다. 또한 바이오 산업을 위한 국가산업단지인 오창생명과학산업단지와 출판 산업의 현대화를 위한 파주출판문화정보국가산업단지가 지정되었다. 외국인 기업 전용단지가 일부 산업단지(광주 평동, 천안, 대불 등)에 도입되었고, 「외국인투자촉진법」 제정 후 외국인 투자 지역(사천 등)이 조성되었다.

한편 도시화의 진전으로 도심 내 중소 제조업체의 부지난이 심화되면서 아파트형공장에 대한 수요가 증가하기도 하였다. 아파트형공장은 1979년 중소기업진흥공단이 시범 실시한 이후 1988년 '동일 건물 내에 5개 이상의 공장이 동시에 입주할 수 있도록 건축하는 다층형 집합 건축물'로 정의되었다. 1990년대 중반 들어서는 공공 부문 주도에서 민간으로 확대되었다. 여러 가지 활성화 방안과 조치가 시작되었고, 정의도 '3층 이상의 집합 건축물로서 6개 이상의 공장이 입주할 수 있는 건축물'로 변경되었다. 1999년에는 그동안 제조업으로 제한된 입주 업종이 확대되어 소프트웨어 산업, 정보통신 산업 등이 입주 가능하게 되었고 제조업과 벤처 기업을 영위하기 위한 시설, 입주 기업의 생산 활동을 지원하기 위한 시설 등도 가능하게 되었다.

2000년대: 산업구조의 고도화

IMF 외환위기 이후 정부는 정보기술(IT) 산업을 활성화하기 위해 벤처 기업을 육성하는 정책을 폈다. 새로 창업하는 벤처 기업에 자금을 지원하고 교수·연구실 창업이 가능하게 하며, 2000년에는 '벤처촉진지구'를 도입해 조세 감면을 통해 지방 벤처 기업 창업을 활성화하였다. 이것이 지식정보 및 IT 산업 발전의 토대가 되었고, 성숙기에 접어든 기존 제조업을 대신할 수 있는 새로운 성장동력으로 자리 잡기 시작하였다.

2003년 12월 「신행정수도건설특별법」, 「국가균형발전특별법」, 「지방분권특별법」 등 지방분권 3개 특별법이 제정되었다. 국토 균형발전 정책에도 불구하고 수도권 집중과 지역 불균형이 지속적으로 심화되었기 때문이다. 이런 정치·경제 환경 속에서 산업입지 또한 이전의 대규모 체제보다 전문화, 맞춤화된 중소 규모의 공급이 확대되기 시작하였다. 벤처 기업 전용단지, 소프트웨어 및 정보통신산업단지, 과학연구단지, 문화산업단지, 첨단의료단지 등 다양한 종류의 산업단지 조성이 활발해졌다. 도시첨단단지, 경제자유구역, 장기임대산업단지 등 새로운 종류의 기업 활동과 투자 유치를 위한 산업단지가 도입되었다.

법적·제도적 측면에서 1990년 제정된 「공업배치 및 공장설립에 관한 법률」이 2002년 12월 「산업집적 활성화 및 공장설립에 관한 법률」(약칭 산업집적법)로 개정되었다. 산업입지 공급과 공업 배치의 측면에서 벗어나 산업의 집적과 연계, 활성화를 중심으로 정책의 초점을 맞춘 것이었다(한국산업단지공단 2015). 산업집적법은 지역별로 유망 산업을 집적시키는 산업집적 활성화 촉진제도, 공장설립과 관련된 난점을 조정하고 공장설립 과정에서의 사업자의 부담을 덜어 주는 공장설립 지원제도, 부동산 투기 목적으로 공장부지를 전용하는 것을 막고 기업 스스로 공장부지를 효율적으로 활용할 수 있도록 하는 공장설립 규제 개편으로 이루어져 있었다.

2000년대 이후 아파트형공장•의 증가로 지식 서비스 산업의 입주가 활발해지면서 산업단지 입주 가능 업종의 범위가 확대되었다. 2000년대 중반 이후에 연구개발업, 창업보육센터 사업 등이 추가되었고, 입주업체 지원기관으로 법무 및 회계 관련 서비스업, 운동시설 운영업이 가능하게 되었으며, 지식 산업으로서 출판업, 교육서비스업, 경영컨설팅업 등이 산업단지에 입주 가능하게 되었다. 2010년 4월에는 첨단 산업의 입주가 증가하는 행태를 반영해 아파트형공장의 명칭이 '지식산업센터'로 변경되었다. 산업구조 고도화에 대응하여 첨단 산업과 지식 기반 산업 육성을 위해 2001년부터 '도시첨단산업단지•'가 도입되었다. 정보통신 산업, 문화 산업, 지식 산업 등 도시형 기업에 입지를 제공하기 위해 도시 지역에 소규모 단지와 구역 형태로 산업단지를 조성하는 것이다.

2003년에는 외국인의 투자를 적극적으로 유치하기 위한 '경제자유구역(Free Economic Zone)•'이 인천, 부산·진해, 광양만권 등 3곳에 지정되었고, 이후 2008년에 황해(당진, 아산, 평택), 대구·경북, 새만금·군산에 추가 지정되었으나 투자 유치 실적이 부진해 문제로 지적되고 있다. 1970년 마산, 1973년 이리(현 익산)에 수출

아파트형공장: 제조업, 지식 산업, 정보통신 산업과 그 지원시설이 입주할 수 있는 다층형 집합 건축물로 3층 이상의 동일 건물 내에 6개 이상의 공장이 입주할 수 있다. 현재는 지식산업센터로 명칭이 변경되었다.

도시첨단산업단지: 지식 산업, 문화 산업, 정보통신 산업 등 지정된 업종만 입주 가능한 도시 또는 그 인근에 지정된 소규모 산업단지이다.

경제자유구역: 해외 자본과 기술을 유치하기 위해 세제 감면이나 규제 완화 등의 혜택을 부여한 특별 지역으로 경제특구로 불린다. 외국인 투자 및 거주에 유리한 기업 환경과 생활 환경을 조성하여 글로벌 기업 활동의 거점으로 육성하는 것이 목표이다.

자유무역지역: 자유로운 제조, 물류, 유통 및 무역 활동이 보장되는 지역으로 관세 및 기타의 공과금이 면제된 상태에서 상품을 특정 지역 내에 들어올 수 있고, 그 지역 내에서는 자유롭게 상품 처리와 가공이 가능하다. 한국은 마산, 익산에 설치한 수출자유지역이 시작이었다.

자유지역이 시작된 이후 2000년 제조업·물류 중심의 '자유무역지역(Free Trade Zone)•'으로 확대, 개편되었는데, 2000년 군산, 2002년 대불이 지정되었고 이후에도 여러 지역이 추가되었다. 이 밖에도 2005년부터 산업단지에서 발생하는 폐기물을 다른 산업에서 재활용하는 생태산업단지 사업이 여수, 울산·미포·온산, 포항 등 3개 시범단지에서 시작되어 이후 8개 광역권으로 확대되었다. 2002년 미분양·미개발 산업단지 활성화를 위한 국민임대산업단지, 2006년에는 임대전용산업단지, 2008년에는 장기임대산업단지가 도입되어 임대산업단지 제도가 정비되기도 하였다.

이 시기 산업단지 관련 정책에서 가장 큰 변화는 산업단지에 클러스터 개념이 적용되기 시작한 것이다. 2004년 국가 균형발전 정책의 일환으로 산업단지 혁신 클러스터화 사업이 시작되었다. '클러스터'는 비슷한 업종이면서 서로 다른 기능을 하는 관련 기업과 기관이 모인 특정 지역을 의미하는데, 기존의 산업단지에 부족한 기업 간 네트워크 구축과 상호 작용 확대, 연구개발을 지원하는 개념으로 사용되었다. 대기업, 중소기업, 대학과 연구소가 밀집하여 지식·정보를 교류하고 서로 협동하는 첨단과학단지로서 산업단지의

|표 3| 산업입지 정책과 관련 제도의 변화

	1960년대	1970년대	1980년대	1990년대	2000년대
정책 대상	•수출 산업의 육성과 산업화 기반의 구축	•중화학공업 육성 기반의 구축	•국토 균형발전과 산업의 지방 분산	•첨단산업 육성을 위한 기반 구축	•지식 기반 산업 입지 기반 확충
정책 기조	•수출 위주의 경공업 입지 •1도 1산업단지 개발	•대규모 임해산업단지 조성 •대도시 산업입지의 억제	•산업단지 내실화 •농공단지 개발 •산업입지의 분산	•입지유형 다양화 •입지규제 완화	•전문화된 집적 지구 •지식 기반 경제 구축 지원
관련 법규	•공업지구 조성을 위한 토지 수용 특례법 •도시계획법 •수출산업 공업단지 개발조성법 •국토건설종합계획법	•지방공업개발법 •산업기지개발촉진법 •공업배치법	•수도권정비계획법 •중소기업진흥법 •농어촌소득원개발촉진법 •공업발전법	•산업입지법 •공업배치법 •기업활동규제 완화법 •산업기술단지 지원법	•국토계획 및 이용법 •산업단지 개발 인허가 절차 간소화법
비고	•울산공업지구 조성 •수출산업단지 조성	•지방공업 개발장려지구제도 도입 •동남권 대규모 임해산업단지 조성 •수출자유지역 개발	•서남권 대규모 산업단지 조성 •농공단지 개발 •아파트형공장 조성	•산업단지 명칭 변경 •개발절차 간소화 •개별 입지 증대 •테크노파크 조성	•도시첨단산업단지 •문화산업단지 등 전문화된 단지의 증가

자료: 한국경제60년사편찬위원회(2010: 148).

역량을 강화하고자 12개 산업단지(반월·시화, 군산, 광주, 창원, 울산, 구미, 원주, 남동, 오창, 대불, 녹산, 대구 성서 등)에서 클러스터 사업을 추진하였다.

2010년대 이후: 혁신·융복합 산업단지

2008년 금융위기 이후 세계 경제가 장기 저성장 국면에 접어들면서 국내에서도 투자 및 소비가 감소하는 저성장 심화가 계속되었다. 전통 제조업은 쇠퇴하고

|그림 4| 한국 산업단지 현황(2014년)

자료: 대한민국 국가지도집 발간위원회(2017).

부품소재 산업의 경쟁력은 약한 상황에서 이를 대체할 만한 신성장 동력도 부족하였다. 다행히 IT 산업과 지식 기반 신산업, 지식·기술 기반 경박단소형 제조업(정보통신, 반도체, 문화 등)이 빠르게 성장하고 있었다. 이에 기존 주력 산업 및 전통 산업 분야와 첨단기술 산업을 접목하는 융복합 산업 정책이 시작되었다.

산업구조 변화에 따라 산업입지 또한 첨단산업단지, 벤처단지, 외국인 기업 및 중소기업 전용단지, 지식산업센터 등 전문화·특성화 단지의 개발이 활성화되었다. 12개 산업단지에서 진행되던 클러스터 사업이 정부의 5+2 광역경제권에 맞추어 권역별로 확장되기도 하였다. 또한 기존의 생태산업단지 구축 사업, 산업단지 구조고도화 사업, 도시첨단산업단지 등의 정책이 지속적으로 확대되었다.

2020년대 들어서는 탄소 중립이 중요해지고 산업구조를 개편함에 따라 산업단지 내 탄소 배출을 감축하는 것이 중요해졌다. 첨단산업 육성과 산업 간 융복합의 중요성은 여전히 부각되었다. 따라서 전기차·수소차 등의 미래차 산업과 반도체, 바이오 산업 등이 주요 산업으로 떠올랐으며, 지식과 정보의 중요성이 배가되었다. 이때 형성된 산업단지로는 스마트그린

산단, 첨단투자지구, 업종특례지구 등이 있다. 2023년 반도체, 디스플레이, 이차전지, 바이오, 미래차, 로봇 등 미래 첨단산업 육성을 위한 전국 15개 국가첨단산업단지 후보지가 발표되었다.

클러스터 기반 정책의 변화

한국을 비롯한 세계 여러 곳에서 제2의 실리콘밸리를 꿈꾸며 지식 창출과 혁신을 위한 집적지 형성과 발전 노력이 계속되고 있다. 한국에서도 2000년대 초반부터 단순히 공업 생산 활동이 모여 있는 공간인 기존 산업단지 개념에서 벗어나, 기업 간 연계와 네트워크를 통해 지식과 혁신이 창출되는 의미의 클러스터로의 전환 노력이 이루어졌다. 실질적 의미에서 산업 클러스터 정책이 도입된 것은 2003년 참여정부 수립 이후인데, 국가 균형발전이라는 목표 아래 산업 정책에서도 지역전략산업 육성과 클러스터 정책이 큰 비중을 차지하였다.

참여정부의 주요 산업 정책은 크게 지역 전략 산업 육성 정책과 클러스터 정책으로 나눌 수 있다. 지역 전략 산업 육성 정책은 2004년부터 16개 시도별로

대덕연구개발특구

대덕연구단지는 1973년부터 계획된 국내에서 가장 규모가 큰 과학기술단지이다. 1970년대부터 1990년대 초까지 기반시설 조성 및 연구소 입주가 이루어져 1992년 11월 입주가 완료되었다. 이후 정부출연연구소들이 국가연구개발 사업에 참여하는 등 많은 성과를 내기 시작하였다. 1999년 대덕연구단지 내 생산 활동이 허용되었고 연구개발 실용화와 벤처 기업 입주가 허용되면서 새로운 변화를 맞이하였는데, 연구뿐 아니라 기업의 창출과 협력이 이루어지게 된 것이다. 또한 참여정부는 2005년 「대덕연구개발특구 등의 육성에 관한 특별법」 제정을 통해 혁신 클러스터 육성 정책을 본격적으로 추진하였다. 대덕연구단지를 대덕연구개발특구로 지정하여 과학기술 지식의 창출, 이전, 활용이 효과적으로 작동하는 과학기술 중심형 혁신 클러스터를 지향하게 된다(임덕순 2008). 특구 지정 이후 기업체 수가 2005년 687개에서 2021년 2,356개로 증가하였고, 종업원 수 역시 2만 3,558명에서 8만 6,140명으로 증가하였다. 2021년 기준 연구기술직이 3만 8,716명, 생산 및 관리직이 4만 7,424명에 이른다. 거버넌스 측면에서 조성 배경으로 인해 하향식 의사결정 구조를 가졌다는 문제점도 지적되고 있으나 정부출연연구기관, 대학, 기타 연구기관 등 학습 및 혁신 기능의 기관이 다수 입지하였다는 점에서 높은 잠재력을 지닌 것으로 평가된다(정영철·정선양 2015). 2011년 이후에는 제2차 연구개발특구 육성종합계획이 수립되어 광주, 대구, 부산, 전북에 연구개발특구가 추가로 지정되었고, 2019년 이후 14개 거점별 강소연구개발특구(안산, 김해, 진주, 창원, 포항, 청주, 구미, 군산, 나주, 울주, 홍릉, 천안 아산, 인천, 춘천)가 지정되어 있다.

4개씩 전략 산업을 선정하여 육성하는 것으로 전체 64개 전략 산업이 추진되었다. 클러스터 정책은 과거 산업입지 정책에서 생산과 연구개발 기능을 분리한 것을 통합시키기 위한 노력의 일환으로 진행되었다. 이에 클러스터 정책의 일환으로, 한편으로는 연구개발 중심의 대덕연구단지에 생산 기능을 보완하는 대덕연

|표 4| 광역권별 12개 혁신 클러스터 현황

광역권	클러스터	시도	주요 업종	특화 클러스터 발전 비전	비고
수도권	반월 시화	경기	부품소재	고부가가치 첨단부품소재 글로벌 공급기지	1차
	남동	인천	기계부품	성장동력 산업의 첨단기계부품	2차
충청권	오창	충북	전자정보	세계 IT 산업을 선도하는 전자·정보 산업 클러스터	2차
호남권	광주	광주	광산업	세계적인 광클러스터	1차
	군산	전북	자동차, 기계	환황해권 자동차·기계부품 거점 혁신 클러스터	1차
	대불	전남	조선	세계 제1의 중소형 조선 산업 클러스터	2차
대경권	구미	경북	전자	세계 최대의 전기·전자 산업 클러스터	1차
	성서	대구	메카트로닉스	첨단기술 융합 메카트로닉스 글로벌 허브	2차
동남권	울산	울산	자동차	글로벌 경쟁력을 갖춘 일류 자동차부품 클러스터	1차
	창원	경남	기계	세계적 첨단기계 클러스터	1차
	명지 녹산	부산	기계, 조선	세계 시장 선도의 기계·조선부품 클러스터	2차
강원권	원주	강원	의료기기	국가 의료기기 산업 비전 완성을 위한 거점	1차

주: 1차(2005년) 선정 7개 클러스터와 2차(2008년) 선정 5개 클러스터로 구분됨.
자료: 구양미 외(2010).

구개발특구 육성계획이 추진되었고, 다른 한편으로는 생산 기능 중심의 산업단지에 연구개발 기능을 보완하여 혁신 클러스터로 조성하는 '산업단지 혁신 클러스터 사업'이 추진되었다.

2000년대 들어서도 산업단지는 여전히 주요 산업의 핵심집적지로서 역할을 하고 있지만, 경제적 효율성을 우선시하는 산업 정책과 국가 주도의 거점개발 방식으로 조성된 대규모 산업단지들은 변화가 필요하였다. 특히 단순히 공업 생산 활동이 집적되어 있는 공간으로서의 산업단지 개념에서 벗어나, 기업 간 연계와 네트워크를 통해 지식과 혁신이 창출되는 의미의 새로운 산업집적지로 발전을 꾀하는 다양한 노력들이 이루어졌다. 대표적인 것이 '산업단지 혁신 클러스터 정책'으로, 기업을 집적화하고 대학, 연구소, 지원센터 등 혁신 주체 요소를 확충하며 이들 간 네트워크를 촉진하여 지역 산업의 혁신성과 경쟁력을 높이는 것이다(구양미 외 2010). 과거에 조성된 산업단지는 단순히 규모의 경제 실현에 불과하였고 열악한 근로 환경 및 생활 인프라, 낙후된 복리후생 등 생산 기능에만 집중한 것이 문제로 여겨졌다. 이에 산업자원부(현 산업통상자원부)는 2004년 6월부터 산업단지를 혁신 클러스터로 전환하는 계획을 추진해 왔다. 2005년 창원, 원주, 구미, 울산, 광주, 군산, 반월 시화 7개 단지를 시작으로 혁신 클러스터 전환 사업을 실시하였다. 또한 2008년 5개 단지를 추가하여 12개 산업단지를 혁신 클러스터로 지정하고, 단지별로 전략업종에 따라 4~10개의 미니클러스터(mini-cluster)를 구성하여 R&D, 특허·기술의 이전·사업화, 마케팅 등 네트워크 활동을 추진해 왔다. 미니클러스터는 혁신 주체들 간의 협력적 네트워크를 활성화하기 위해 정책적으로 결성된 소규모

산·학·연·관 협의체로서, 업종별 또는 기술별로 대·중소기업, 대학, 연구소, 지원기관 관계자가 회원으로 참여하여 포럼, 협의회 등 다양한 형태의 네트워크 활동을 전개하고 이를 통해 공통의 과제를 도출하여 해결방안을 모색하는 것이다(이철우 외 2016). 이러한 정책의 목표는 산·학·연 혁신 역량을 강화하고, 궁극적으로 지역혁신 및 지역발전을 유도하여 지식 기반의 혁신 경제 환경에 부응하도록 하는 것이었다.

2008년부터는 정부가 광역경제권 정책을 추진하면서 기존의 산업단지 혁신 클러스터도 광역경제권을 기반으로 변모하는 정책이 시행되었다(주성재 2003; 구양미 외 2010). 지금까지는 산업단지 내의 특정 산업 분야에 집중하는 것이었다면, 개별 산업단지의 혁신 클러스터화를 넘어 다른 산업단지와의 연계와 협력 구조를 구축하는 것이다. 클러스터 간 연계와 협력은 클러스터의 혁신과 지속적 성장에 중요한 요소이긴 하지만, 우리나라의 광역경제권 정책과 혁신 클러스터 연결의 정책적 효과에는 의문이 제기되기도 하였다.

4

주요 산업단지의 특성과 변화

서울디지털산업단지

울산·미포국가산업단지

구미국가산업단지

한국의 급격한 산업화와 도시화는 산업단지의 성장과 함께하였고, 이러한 산업단지 주변에 대도시가 형성되었다. 특히 비수도권 지역에는 산업 도시 중심으로 인구가 집중하여 도시가 성장하였다. 도시의 성장은 주로 수도권과 남동 해안 지역의 산업 도시를 중심으로 두 권역이 경부축을 따라 연결된 양상을 보인다. 산업집적지 분석에서도 수도권과 동남권 일대를 중심으로 집적되어 있는 양상이 나타났다(김선배·정준호 2005). 산업단지가 한국 제조업에서 차지하는 비중은 1985년 사업체 수의 14.8%, 종사자 수의 30.3%, 생산액의 39.7%에서 30년 후인 2015년에는 사업체 수의 34.6%, 종사자 수의 50.3%, 생산액의 69.5%로 증가하였다(류승한 2018). 이러한 산업단지 중 국가산업단지는 2023년 기준으로 고용의 46.4%, 생산의 54.8%, 수출의 54.9%로 절반 정도를 차지하고 있다.

2001년부터 2022년까지 전국 산업단지의 변화를 살펴보면, 산업단지 지정면적은 1,148km²에서 1,425km²로 증가하였지만, 국가산업단지는 906km²에서 779km²로 오히려 감소하였고 일반산업단지는 2배 이상 증가하였다. 고용자 수를 살펴보면, 산업단지

|표 5| 전국 산업단지 유형별 업체 수, 고용, 생산, 수출(2023년 기준)

단지 유형	입주업체(개)	가동업체(개)	고용(명)	생산(십억 원)	수출(백만 달러)
				2023년 2분기	2023년 2분기
국가	63,147	58,101	1,085,653	513,870	170,398
일반	48,634	44,932	1,074,207	371,844	130,486
도시첨단	2,707	2,249	23,826	3,136	439
농공	8,288	7,552	154,952	48,586	9,136
계	122,776	112,834	2,338,638	937,436	310,460

자료: 한국산업단지공단, 각 연도.

|표 6| 전국 산업단지 유형별 면적(2023년 기준)

단지 유형	단지 수(개)	지정면적(천m²)	관리면적(천m²)	산업시설구역(천m²)				
				전체 면적	분양 대상	분양	미분양	분양률(%)
국가	48	784,468	478,474	304,033	279,682	274,829	4,853	98.3
일반	719	566,754	557,753	342,499	270,466	257,132	13,334	95.1
도시첨단	42	11,239	11,213	4,979	3,463	2,708	755	78.2
농공	480	78,064	77,559	58,839	56,352	54,476	1,876	96.7
계	1,289	1,440,525	1,124,999	710,350	609,963	589,145	20,818	96.6

자료: 한국산업단지공단, 각 연도.

전체적으로 97만 8,000명에서 230만 4,000명으로 2배 이상 증가하였는데, 국가산업단지 역시 증가하였지만 2015년 122만 4,000명을 정점으로 감소세로 접어들었다. 반면 산업단지 입주업체는 지속적인 증가세를 나타내고 있으나, 종사자 규모는 계속 감소하고 있다. 산업단지 생산액의 경우 2012년 이후 정체 및 감소세

|그림 5| 전국 산업단지 현황 변화(2001~2022)

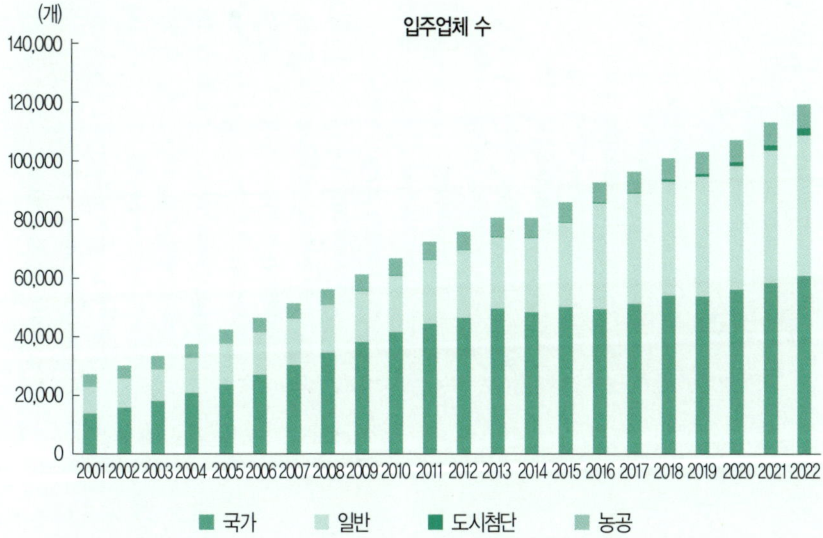

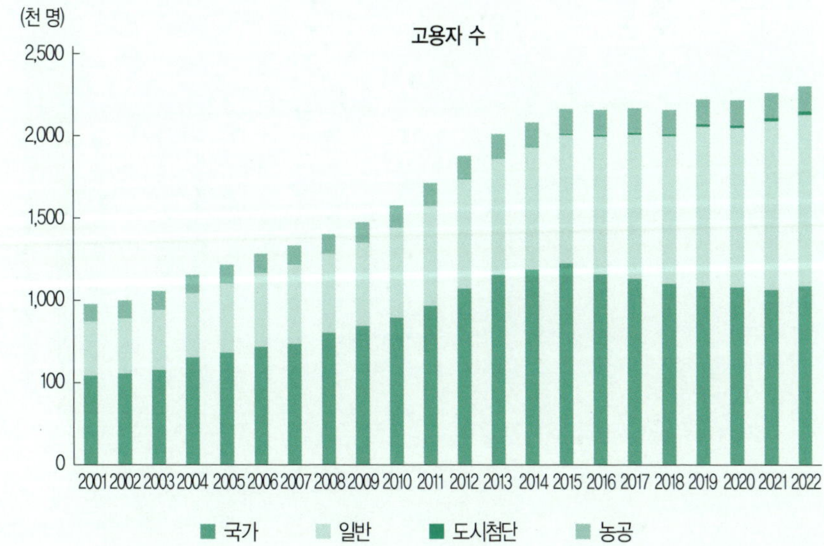

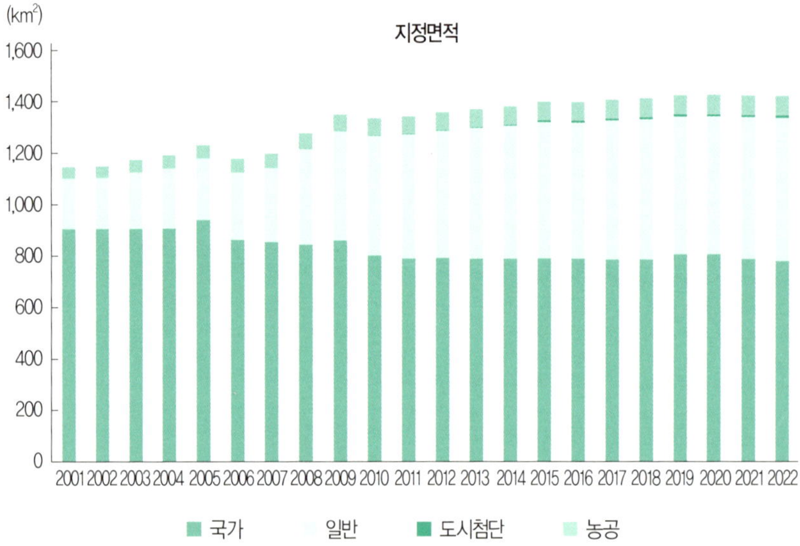
(km²)
지정면적
1,600
1,400
1,200
1,000
800
600
400
200
0
2001 2002 2003 2004 2005 2006 2007 2008 2009 2010 2011 2012 2013 2014 2015 2016 2017 2018 2019 2020 2021 2022
국가
일반
도시첨단
농공

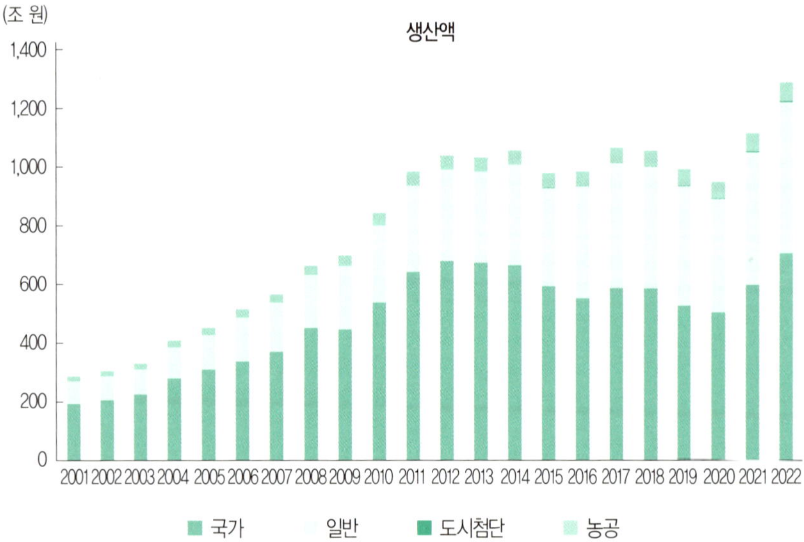
(조 원)
생산액
1,400
1,200
1,000
800
600
400
200
0
2001 2002 2003 2004 2005 2006 2007 2008 2009 2010 2011 2012 2013 2014 2015 2016 2017 2018 2019 2020 2021 2022
국가
일반
도시첨단
농공

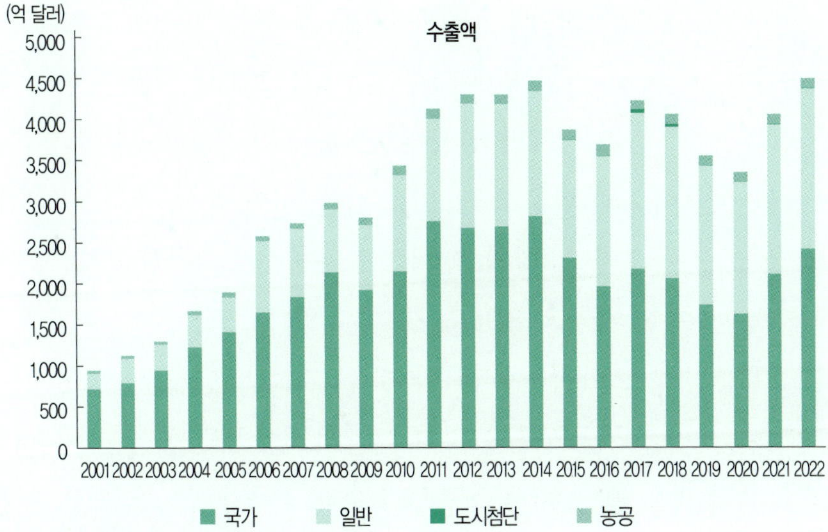

자료: 한국산업단지공단(2023).

|표 7| 주요 국가산업단지 현황 비교

산업단지	가동업체 수 (개)	종사자 수 (명)	산업 구성			산업시설 구역면적 (천m²)	업체당 종사자 수 (명)	면적당 종사자 수 (명/천m²)
			경공업 (%)	중화학공업 (%)	비제조 (%)			
서울디지털	11,948	149,105	9.7	26.0	64.3	1,448	12.5	103.0
시화	10,628	128,156	6.5	89.0	4.5	10,451	12.1	12.3
창원	2,631	116,761	1.2	95.6	3.2	17,492	44.4	6.7
반월	8,114	110,957	8.6	87.0	4.3	7,940	13.7	14.0
울산·미포	654	97,246	0.8	94.0	5.2	5,925	148.7	2.8
남동	7,404	85,606	14.9	83.6	1.5	34,710	11.6	14.4
구미	2,128	81,029	5.0	92.3	2.7	7,908	38.1	10.2
녹산	1,303	27,762	14.0	78.3	7.7	4,317	21.3	6.4
여수	274	25,262	0.9	90.2	8.9	23,502	92.2	1.1
국가산단 전체	53,220	976,932	6.5	79.3	14.2	285,018	18.4	3.4

주: 종사자 수 2만 명 이상 국가산업단지를 종사자 수 규모 순으로 상위 9개를 정리함.
자료: 한국산업단지공단, 각 연도.

를 보이다가 2020년 이후 최근에는 증가하고 있다.

한국의 국가산업단지 중 2022년 12월 기준 종사자 수 2만 명 이상 산업단지는 서울디지털, 시화, 창원, 반월, 울산·미포, 남동, 구미, 녹산, 여수 등 9개인데, 이 상위 9개 산업단지에 전체 국가산업단지 종사자의 약 84%가 근무하고 있다.

서울에 입지한 서울디지털산업단지(구 구로공단)는 가동업체가 1만 2,000개에 육박하고 종사자는 약 14만 9,000명으로 업체 수와 종사자 수 측면에서 가장 큰 산업단지이지만, 산업시설 면적은 9개 중 가장 작다. 또한 대부분의 국가산업단지는 중화학공업 비중이 80% 이상인 것에 비해 서울디지털산업단지는 비제조 업종 비중이 60% 이상으로 매우 높게 나타나서 다른 산업단지와는 확연히 다른 모습을 보여 준다. 반면 창원, 울산·미포, 구미, 여수 등의 국가산업단지는 중화학공업 비중이 90%를 넘고 경공업이나 비제조 비중은 매우 작다. 이들 산업단지는 조성 초기부터 정책적으로 중화학공업 중에서도 기계, 자동차, 조선, 전기·전자, 석유화학 등 특정 산업에 전문화되어 성장한 산업단지이다. 특히 울산·미포국가산업단지는 가동업체가 650여 개인 것에 비해 종사자가 9만 7,000명

|그림 6| 주요 국가산업단지의 업종 구조(종사자 수 기준) 비교

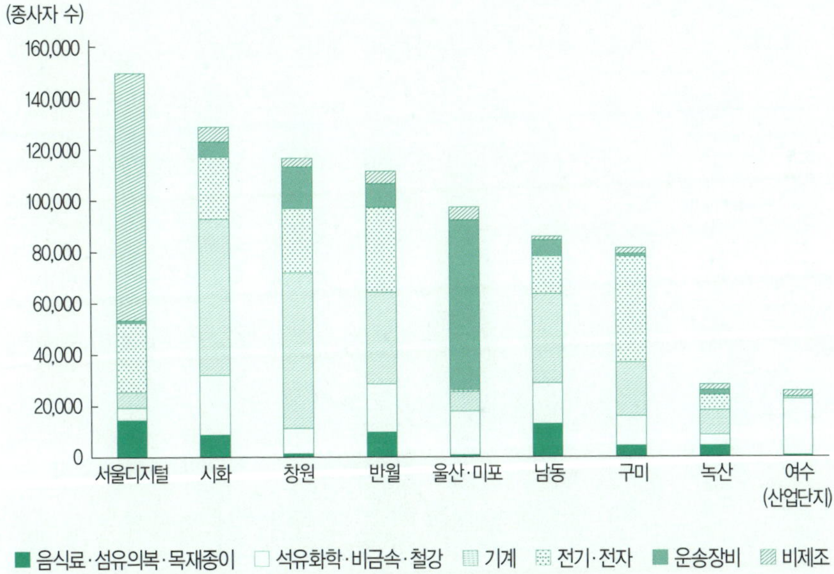

자료: 한국산업단지공단, 각 연도.

이 넘어 이들 상위 9개 산업단지 중 업체당 종사자 규모가 가장 큰 약 148명으로 나타난다. 산업 구성 역시 중화학공업이 94%를 넘는 등 대기업 중심의 중화학공업 단지의 특징을 보인다. 이 중 서울디지털산업단지, 울산·미포국가산업단지, 구미국가산업단지의 조성과 변화에 대해 좀 더 구체적으로 살펴보고자 한다.

서울디지털산업단지

국내 최초의 산업단지는 1964년부터 조성되기 시작한 구로공단으로 당시 '한국수출산업공업단지●' 1, 2, 3단지로 개발되었다. 이보다 앞서 1962년 울산이 개발되기 시작하였지만, 울산은 특정공업지구로서 조성되었기에 법적·제도적 의미에서 산업단지의 시작은 구로공단이라고 할 수 있다. 구로공단은 변화무쌍한 한국의 산업화 역사를 가장 극명하게 보여 주는 장소이다. 주력 업종이 경공업, 중화학공업, 기술집약 산업, 지식정보 산업 등으로 변하면서 한국의 산업구조 변화와 클러스터 진화를 잘 보여 주는 곳이기도 하다. 2000년 12월 공식 명칭이 '서울디지털산업단지'로 변경되었는데, 이후 산업단지가 입지한 곳과 주변 지역인 구로동, 가리봉동, 가산동에 벤처 기업과 IT 산업이 집적하였다는 의미로 이니셜을 따서 'G밸리'로 불리기도 한다.

한국수출산업공업단지: 구로공단은 한국수출산업공단의 1, 2, 3단지를 지칭한다. 4단지는 인천 부평구(부평국가산업단지), 5, 6단지는 인천 서구, 미추홀구(주안산업단지)에 위치한다.

구로공단 조성의 역사를 살펴보면, 1962년 '제1차 경제개발 5개년계획'에서 수출 주도형 경공업 육성이 적극적으로 추진되기 시작하였고, 1963년 '수출산업공업단지육성위원회' 설치, 1964년 「수출산업공업단지개발조성법」 제정으로 서울 구로 지역에 '한국수출산업공업단지' 조성이 시작되었다. 실제 1963년 초 정부 주체 경제간담회에서 한국나일론(주)의 이원만 사장은 공산품 수출과 외자 도입의 필요성을 이야기하며 재일교포 기업가 유치를 주장하였고, 서울 근교에 경공업 중심의 수출산업단지를 만들 것을 제안하였다(구양미 2021). 이 지역은 항만과 기차역이 가깝고 자연조건도 좋았으며 노동력도 충분히 확보할 수 있어서 공단이 들어서기 최적의 조건이었다. 처음에는 민간 경제인들이 주축이 되어 시작되었으나 여러 가지 한계에 부딪히게 되어 정부 주도의 산업단지 조성으로 바뀐 후에 본격적인 개발이 가능하게 되었다(구양미 2012). 또한 최초 입주업체 32개사 중 18개사가 교포기업으로, 특히 재일교포의 투자 유치를 목적으로 시작하였지만, 실제 조성 과정에서 우여곡절 끝에 경공업 생산과 수출 중심의 단지로 변모하였다. 1968년 가리봉동 일대에 제2단지, 1973년 가리봉동과 철산리 일대에 제3단지가 준공되었다. 주로 가발과 의류 등 노동집약적인 경공업 제품을 생산하였으며, 1971년에는 수출 1억 달러를 돌파하고 연평균 수출 증가율이 36.5%에 달하였다. 1970년대 중반에는 정부의 중화학공업 육

서울 영등포 구로공단 해외수출공업단지 가발공장(1972년 8월 촬영)
자료: 한국정책방송원 정부기록사진집.

서울 구로동 크라운전자 공장(1972년 3월 촬영)
자료: 한국정책방송원 정부기록사진집.

|그림 7| 서울디지털산업단지의 업체와 고용 변화

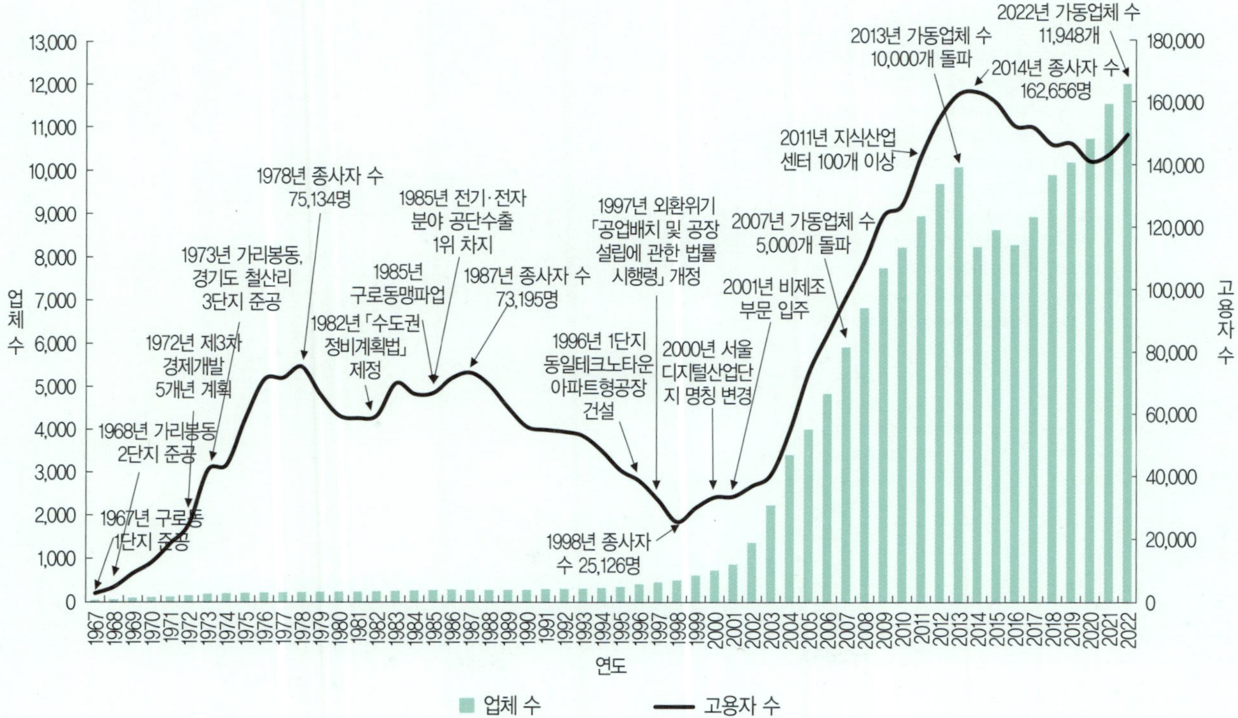

자료: 한국산업단지공단, 각 연도.

|그림 8| 서울디지털산업단지의 업종 구성 변화

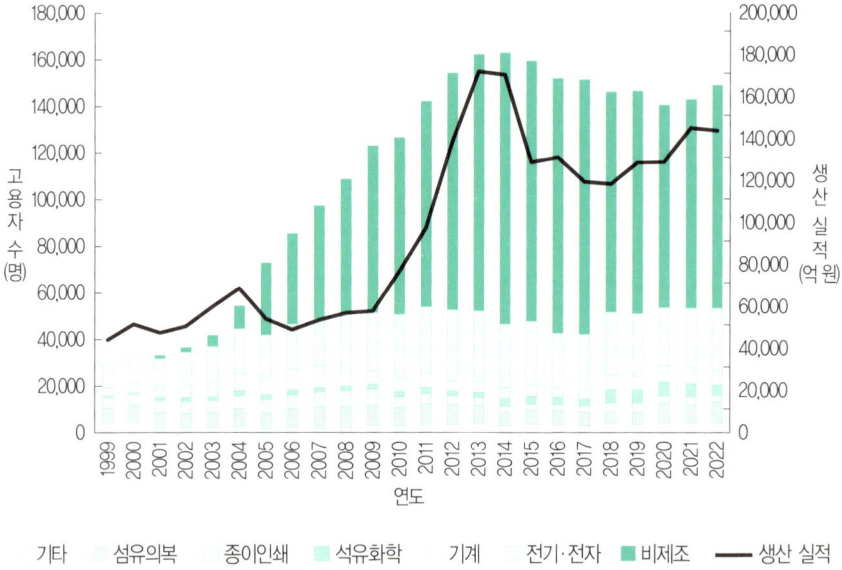

자료: 한국산업단지공단, 각 연도.

성 정책에 따라 주력 품목이 전기·전자, 석유화학, 기계 등 중화학공업 제품으로 바뀌었고, 우리나라의 수출의 약 10%를 점유하는 위상을 갖게 되었다.

그러나 1980년대에는 산업구조 조정, 수도권 산업 분산 정책, 원화 절상, 임금 상승, 노동력 수급의 어려움, 기술개발 부진 등의 사유로 수출과 고용이 감소하게 되었다. 특히 1980년대 후반 이후 문을 닫거나 해외로 공장을 이전하는 등 구로공단을 떠나는 기업이 늘었고, 1998년 공단 종사자가 2만 5,100여 명까지 급감하면서 전성기의 1/3 정도로 축소되는 등 공동화·슬럼화되었다. 이런 상황을 극복하면서 동시에 산업단지의 새로운 방향을 찾기 위해 정부와 한국산업단지공단은 1990년대 후반 '구로산업단지 첨단화 계획'을 발표하고 산업단지 구조고도화 정책을 추진하였다. 수도권 최적의 입지라는 강점은 여전하였기 때문에 수도권 과밀억제 지역 내의 행위 제한과 산업단지 입주 업종 제한을 해제하면서 벤처 기업, R&D, 첨단 산업 및 IT 산업의 입지를 유도하였다.

구로공단은 산업단지 혁신 클러스터 사업에 속하지는 않았지만, 이보다 앞선 1997년부터 산업구조 재편을 위한 구조고도화 정책이 추진되었다. 기존의 제조업 생산공장 중심에서 연구개발, 첨단 정보·지식 산업단지로 변화를 꾀하였고 토지 이용 고도화를 추진하였다. 이러한 변화에는 각종 금융 및 세제 혜택을 수반한 아파트형공장이 큰 역할을 하였다. 1996년 1단지에 동일테크노타운이라는 아파트형공장이 건설되기 시작하면서 2011년 100개가 넘었고 건축 승인을 받거나 건설 중인 것을 포함하면 150개가 넘는 것으로 파악된다. 과거 기껏해야 2~3층짜리 공장 건물들이 즐비하였던 산업단지가 현재는 고층 빌딩 밀집 지역으로 변모된 것이다.

또한 그동안 산업단지에 제한되었던 비제조 업종의 입주가 허용되면서 2000년대 들어서 업체 수가 급증하였는데, 특히 2010년에 아파트형공장 명칭이 지식산업센터로 바뀌면서 기술집약 업종과 지식정보 서비스 관련 기업의 입주가 더욱 증가하였다. 고용 역시 2000년 3만 3,000명에서 2022년 15만여 명으로 크게 늘었는데, 이렇게 증가한 대부분을 비제조 부문이 차지하고 있다. 1990년대 후반에서 2000년대 초반에는 '전자부품, 컴퓨터, 영상, 음향 및 통신장비 제조업', '의료, 정밀, 광학기기 및 시계 제조업'과 같은 기술집약적 중소기업이, 2000년대 중반 이후에는 서비스업 중에서도 '정보통신업', '전문, 과학 및 기술 서비스업'과 같은 지식정보 기반 생산자 서비스업이 서울디지터산업단지의 변화를 주도하고 있다(구양미 2021). 특히 2000년대 이후 다른 산업 부문의 고용자가 거의 그대로 유지되는 반면 증가한 대부분은 컴퓨터 및 소프트웨어 관련 서비스업이나 연구개발업이 포함된 비제조 부문으로 오늘날의 서울디지털산업단지는 제조 활동과 동시에 지식 및 혁신 관련 서비스가 공존하는 곳으로 변모하였다(구양미 2018, 2021). 서울디지털산업단지의 조성에서부터 오늘날의 변화를 업체 수와 고용자 수 변화를 통해 살펴보면, 클러스터 생애주기 유형 중 '재생 또는 재활성화'와 유사하게 나타난다.

이처럼 서울디지털산업단지는 수도 서울에 입지한 국가산업단지로 여전히 중요한 위상을 차지하고 있다. 1960년대 이후 한국의 급변하는 산업화의 역사를 담고 있고, 여러 기업과 산업의 인큐베이터로서 중요한 역할을 하는 한편 다른 산업단지 구조 재편의 본보기가 되고 있다.

울산·미포국가산업단지

'경제개발 5개년계획'의 시작과 함께 울산은 특정공업지구로 지정되었고, 특히 현대그룹의 성장과 함께 하였다. 초기에는 제철·정유·비료 공장, 후기에는 조선·자동차 등 기계공장을 입지시키기 위해 개발한 단지로 1960년대 울산특정공업지구 개발 시기와 1970년대 이후 울산·미포 개발 시기로 구분할 수 있다(유영휘 1998). 울산·미포국가산업단지는 석유화학, 자동차, 조선 등 3개 주력 산업을 통해 한국 수출과 경제

성장을 주도한 국내 최대 단일 산업단지이다. 1962년 5월 울산도시계획이 수립, 고시되면서 본격적으로 공업단지 건설이 추진되었다. 1962년 '울산특정공업지구'로 지정되었고, 1973년 산업기지 개발촉진 지역으로 변경된 이후 1991년 산업입지법에 따라 '울산·미포국가산업단지'로 명칭이 변경되었다. 1962년 2월 울산공업센터 기공식을 계기로 정유공장 건설과 관련 산업의 건설을 위한 공장부지 정지공사, 용수·도로·항만 축조 사업 등 지원시설의 건설이 시작되었다. 정부는 정유공장 건립을 위해 1962년 대한석유공사를 설립하고 1963년 3월 공장 건설에 착수하였다. 이후 정유공장 확장과 더불어 연관 산업인 비료·화학 공장 등 21개 대규모 공장이 장생포, 여천지구에 건설되면서 중화학공업 계열의 집적과 공업단지 기반이 조성되었다.

이와 같이 울산의 발전에는 석유 문제, 정유공장 건설이 큰 역할을 하였는데, 어떤 계기와 배경으로 울산이 특정공업지구로 선정되었는지에 대해서는 공식적 기록은 없지만 여러 가지 설명이 존재한다. 일본이 한반도의 관문을 설정할 때 부산과 울산을 비교 검토하였을 정도로 울산의 입지 조건이 높이 평가되었고, 당시 군 출신 정책 결정자들이 국가안보상 울산

울산공업지구 설정 및 기공식(1962년 10월 촬영)
자료: 한국정책방송원 정부기록사진집.

울산공업센터 정유공장 전경(1963년 6월 촬영)
자료: 한국정책방송원 정부기록사진집.

을 안전한 곳으로 지목한 점, 또한 5.16 직후 기업인들이 재산 헌납과 함께 경제인협회(회장 이병철) 이름으로 울산개발을 건의한 사실 등이다(유영휘 1998). 1960년대 정부 주도의 산업화 정책 이전 일제 강점기부터 공장부지 조성 역사가 거슬러 올라간다. 해방 이전에 공장부지 조성을 위한 해안매립 사업이 이루어졌는데 이 부지가 해방 이후 국유지로 바뀌었고, 1962년 울산이 특정공업지구로 지정되는 데 영향을 미쳤다는 것이다(유형근 2012). 식민지 시기인 1944년 울산 고사동 일대 약 15만 평 부지에 정유공장을 건설하던 중에 해방이 되었고, 이후 정부는 1949년 울산 석유공장 복구사업을 준비하기 시작하였지만 한국전쟁으로 중단되었다. 휴전 이후 한국과 미군이 석유의 배급, 판매에 대한 입장 차이를 겪으면서 정부는 울산 정유공장의 필요성을 강하게 느꼈으며, 여러 가지 시도 끝에 1962년 대한석유공사를 창립하고 1963년 12월 울산 정유공장이 준공되어 석유화학산업단지로서 울산공업센터의 정체성이 확립된다(김동완·김민호 2014).

울산의 성장은 현대그룹과 깊은 관계가 있으며, 특히 1968년 건설된 현대자동차 울산공장이 그 시작이었다. 현대자동차는 울산에서 계속 규모를 확대함

울산 현대조선소 전경(1976년 12월 촬영)
자료: 한국정책방송원 정부기록사진집.

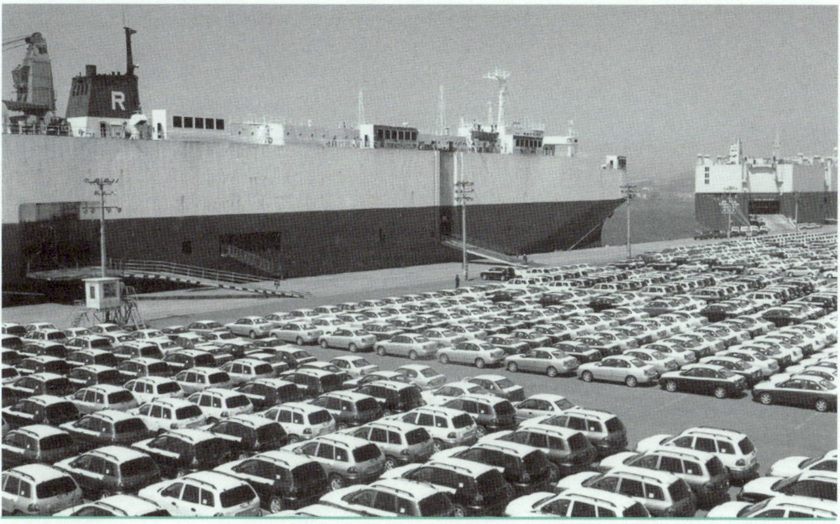

수출 자동차 울산 선적 전경(2001년 3월 촬영)
자료: 한국정책방송원 정부기록사진집.

|그림 9| 울산 · 미포+온산 국가산업단지의 업체와 고용 변화

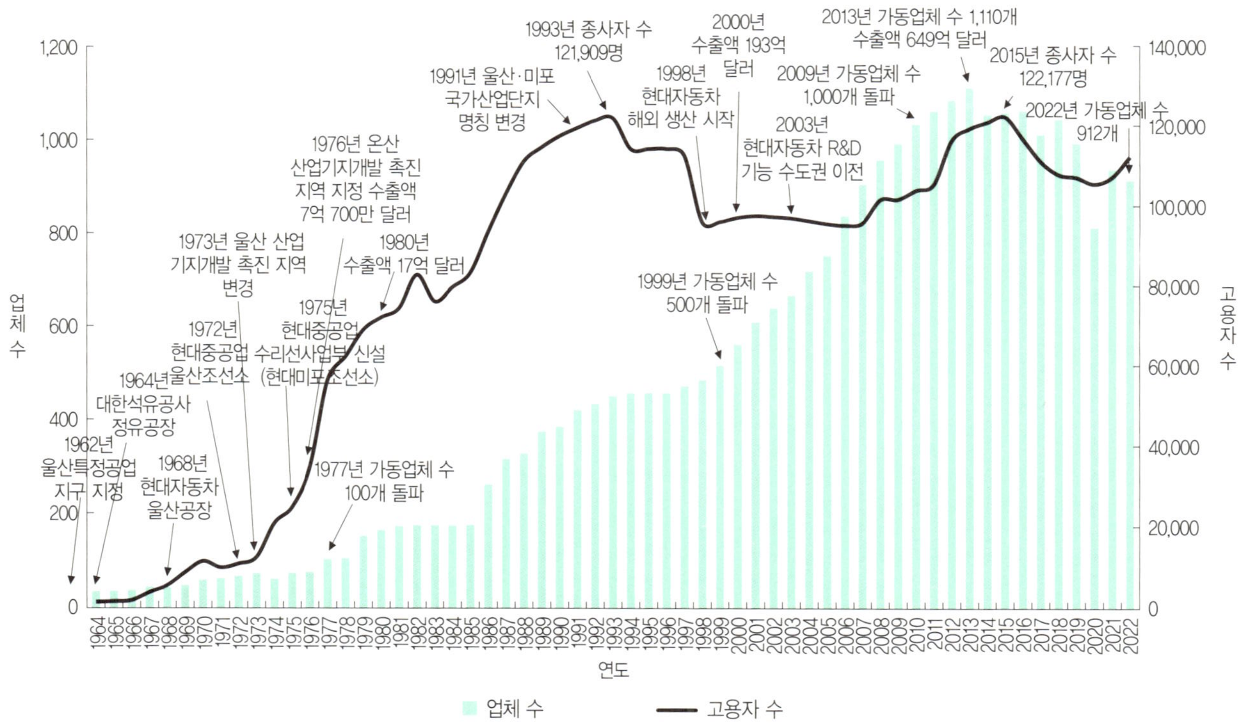

자료: 한국산업단지공단, 각 연도.

|그림 10| 울산·미포+온산 국가산업단지의 업종 구성 변화

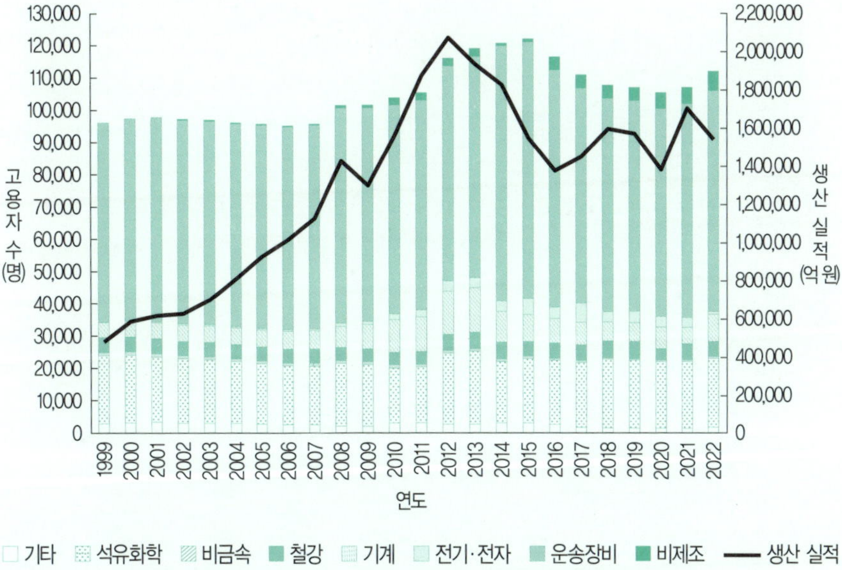

자료: 한국산업단지공단, 각 연도.

에 따라 부품 및 계열 공장도 계속 증가하게 되었다(이정협 2007). 이러한 공급자·고객 관계 기업들의 집적으로 한국의 대표적인 허브앤스포크(hub-and-spoke) 유형의 클러스터•로 자리매김하게 된다. 또한 1972년 3월 현대중공업이 울산조선소 건설에 착수하였고, 정부 역시 조선 산업을 수출 산업으로 육성하고자 하는 계획을 발표하였다(박기주 2023). 이어 미포만에 1975년 현대중공업 수리선사업부가 신설되고 모기업에서 분리

허브앤스포크 유형 클러스터: 핵심 대기업(허브)과 공급자·고객 관계를 가진 업체들(스포크)로 이루어진 클러스터로, 대기업과 인접하여 협력업체들이 집적되어 있는 유형을 의미한다.

자동차 산업 입지 분포

자동차 산업은 제10차 한국표준산업분류에 따르면 자동차 및 트레일러 제조업(C30)에 해당하며, 여기에는 자동차용 엔진 및 자동차 제조업(C301), 자동차 차체 및 트레일러 제조업(C302), 자동차 신품 부품 제조업(C303), 자동차 재제조 부품 제조업(C304)이 포함된다. 자동차 산업의 시군구별 입지계수(location quotient)●는 울산 북구, 광주 서구, 완주, 서산, 광명 순으로 높게 나타나며, 시도별 출하액 규모는 경기, 울산, 충남, 경남 순으로 크게 나타난다. 자동차 산업의 종사자 수 역시 경기, 울산, 충남, 경남 순으로 크다.

|그림 11| **자동차 산업 입지 분포(2019년)**

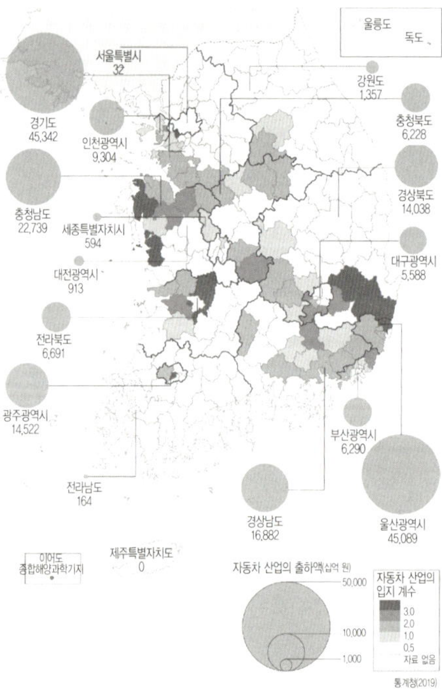

자료: 대한민국 국가지도집 발간위원회(2021).

조선 산업 입지 분포

조선 산업은 제10차 한국표준산업분류에 따르면 선박 및 보트 건조업(C311)에 해당한다. 조선 산업의 시군구별 입지계수는 거제, 울산 동구, 영암, 고성, 해남, 부산 영도구, 통영, 목포 순으로 높게 나타나며, 거제, 통영이 위치한 경남, 울산, 부산의 집중도가 뚜렷하다(고병옥·구양미 2023). 상위 2개 지역의 입지계수가 30 이상으로 공간적으로 매우 불균등한 분포를 나타낸다. 조선 산업의 종사자 수는 울산, 경남, 부산 순으로 많으며, 출하액은 경남, 울산, 부산 순으로 크다.

|그림 12| **조선 산업 입지 분포(2019년)**

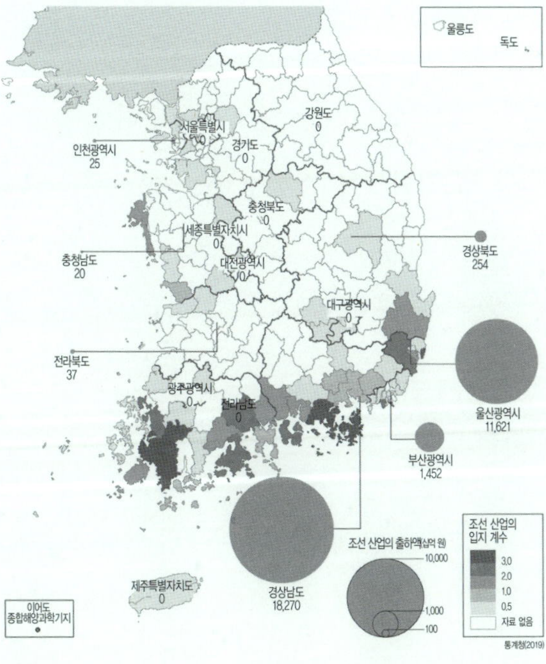

자료: 대한민국 국가지도집 발간위원회(2021).

입지계수: 지역의 산업 특화 정도를 나타내는 지표 중 하나로, 특정 산업의 전국 점유율에 대한 해당 지역 점유율의 비중으로 계산한다. 일반적으로 입지계수가 1 이상이면 해당 산업이 특화된 것으로 본다.

온산국가산업단지: 울산광역시 울주군에 위치한 국가산업단지로 비철금속, 정유 및 석유화학 산업 육성을 위해 조성되었다.

현대자동차의 해외 생산: 1989년 캐나다 퀘백주에 설립된 공장은 1993년 폐쇄되었고, 이후 1997년 튀르키예, 1998년 인도 첸나이, 2002년에 중국 공장이 설립되었다.

하여 현대미포조선소로 출범하였다. 또한 인근에 온산국가산업단지가 1974년 산업기지 개발촉진 지역으로 추가 지정되어 울산·미포국가산업단지와 함께 중화학공업단지를 형성하였다. 1970년대 후반은 중화학공업의 성숙기로 석유화학계열 관련 산업의 집적이 거의 완료되었고, 자동차, 조선의 확대와 함께 미포지구에 엔진, 철재, 목재 등 대기업이 입지하게 되었다. 이와 같이 석유화학, 자동차, 조선은 울산을 지탱하는 중추 산업으로 자리잡았다.

현대그룹의 자동차 및 조선 부문 투자가 울산에 집중되면서 1980년대 후반부터 울산의 주력 산업이 석유화학에서 자동차 산업 및 조선 산업 중심의 기계장치 산업으로 변화되었다. 현대가 1987년까지 울산 지역에 설립 또는 인수한 기업이 총 12개였는데, 현대중공업 사업장 안에서만 현대엔진, 현대중전기, 현대프랜지 등이 입지하였고, 현대자동차, 현대정공, 현대강관, 고려화학은 서로 붙어서 자리잡았다(유형근 2012). 그러나 1990년대 후반부터 현대자동차의 해외 생산이 시작되고, 2000년대 초반 연구개발 부문이 수도권으로 이전함에 따라 울산의 위상이 내려가기 시작하였다. 그러나 여전히 한국 자동차 산업과 조선 산업의 주도권을 가지고 있는 곳으로 울산산업단지는 상당한 위상을 가지고 있다. 울산·미포국가산업단지의 조성에서부터 오늘날의 변화를 업체 수와 고용자 수 변화를 통해 살펴보면 클러스터 생애주기 유형 중 '안정균형 상태 고착'과 유사하게 나타난다. 그러나 클러스터 생애주기 유형은 단순히 업체와 고용자 규모의 변화로만은 판단할 수 없고, 구성 요소의 이질성 등 여러 유무형의 지표를 고찰하고 심층적으로 분석할 필요가 있다.

구미국가산업단지

라디오 조립, 흑백 TV에서부터 시작해서 컬러 TV, LCD, PDP, 이후 모바일, 디스플레이에 이르기까지 한국 전자 산업의 역사를 담고 있는 곳은 구미국가산업단지이다. 정부는 1970년 전자 산업 전문단지를 조성하기로 하고 구미를 선정하였다. 고속국도와 철도가 인근을 지나가고 내륙이라 염분에 의한 기계 손상 우려도 적었기 때문이다. 그러나 이러한 입지 조건들을 고려하여 국가 관료들의 합리적 판단에 따라 조성되었다는 것과 달리 당시 박정희 대통령의 고향이 구미였

구미 수출공업단지 조성 전경(1973년 7월 촬영)
자료: 한국정책방송원 정부기록사진집.

기 때문에 가능하였다는 정치적 논리로 선정되었다는 견해도 있다(황진태·박배균 2014). 또한 중앙정부에 의해 국가산업단지로 지정되기 이전에 지방자치단체, 지방 상공인, 재일교포 사업가들에 의해 공업단지 건설이 추진되었고(박배균 외 2014), 구미공단의 성장에 전자 산업 대기업과 이들의 하청업체, 협력업체의 수직적 계열화가 중요하게 작용하였기 때문에 일방적인 국가 주도의 개발이라고 단정하기 어려운 측면도 있다.

1969년부터 1973년까지 조성된 1단지는 경상북도가 조성한 섬유업종 중심의 일반단지와 한국전자공업공단이 조성한 전자단지를 모두 포함하는데 1973년에 국가단지로 통합되었다(한국산업단지공단 2015). 제1차 석유파동 이후 고부가가치 산업의 육성이 시급해졌기 때문에 기술집약적인 반도체·컴퓨터 등의 첨단 산업이 강조되었고, 특히 1973년 9월 금성사(현 LG전자)가 입주하면서 전자 산업 전문단지로서의 위상을 확보하였다. 2단지(1977~1983), 3단지(1987~1995)가 추가로 조성되고 삼성과 LG 등 대기업과 계열사 및 하청업체가 구미국가산업단지에 입주하면서 내륙 최대의 산업단지가 되었다. 이후 4단지(1996~2011)와 5단지(2008~2023)까지 조성되었는데, 4단지에는 외국계 기업이 집적되어 있고 5단지는 IT 융복합 및 신산업 유치를 목표로 조성되었다(전지혜·이철우 2018). 1단지는 섬유 산업과 전자 산업이 혼재되어 있다가 점차 전자 산업 중심으로 재편되었고, 2단지는 전자 산업 대기업 생산시설 중심의 구조를 갖추고 있으며, 3, 4단지는 대기업뿐 아니라 첨단 산업 부문의 중소기업 비중이 상대적으로 높게 나타난다(정도채 2011).

IMF 경제위기 이후 구미의 전자관련 입주 기업들은 컬러 TV에서 평면 디스플레이, 모바일 등 첨단 산업으로 업종을 전환하고 국내 전자 산업의 중심지가

구미국가산업단지 1단지(2016년 7월 촬영)
자료: 대한민국역사박물관 근현대사 아카이브.

구미국가산업단지 3단지 LG디스플레이(2016년 7월 촬영)
자료: 대한민국역사박물관 근현대사 아카이브.

|그림 13| 구미국가산업단지의 업체와 고용 변화

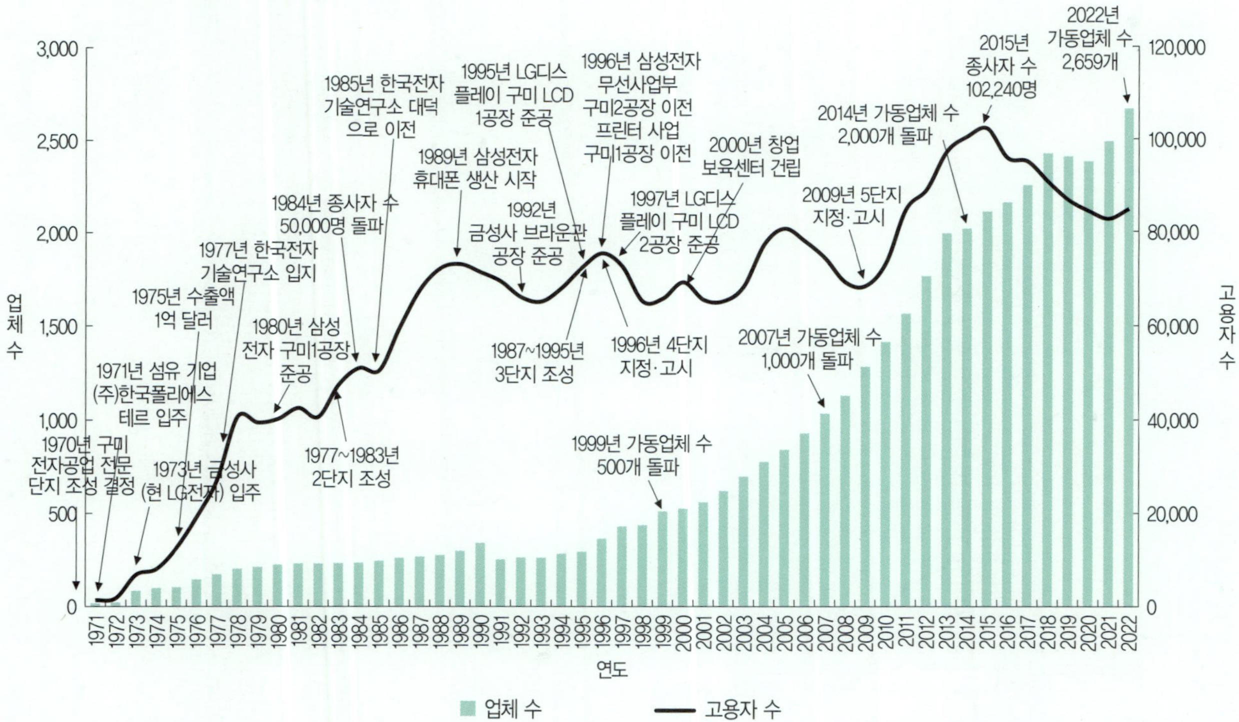

자료: 한국산업단지공단, 각 연도.

|그림 14| 구미국가산업단지의 업종 구성 변화

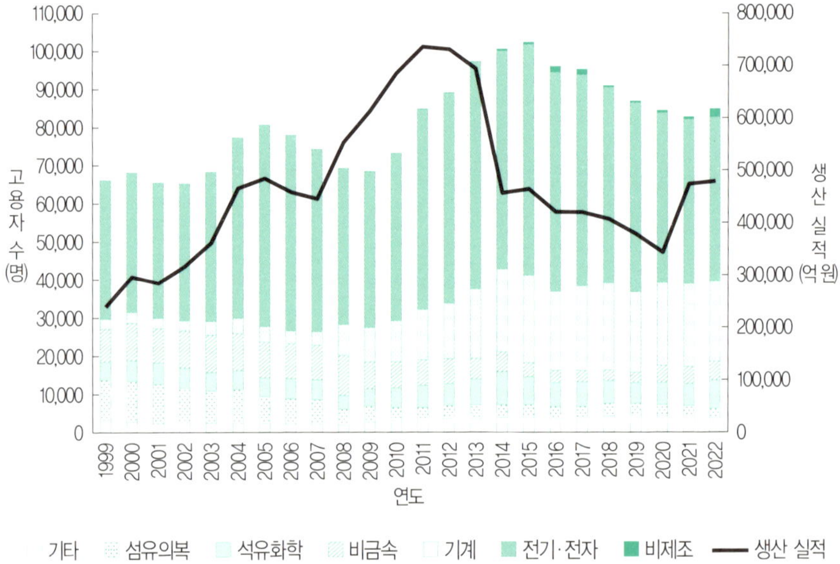

자료: 한국산업단지공단, 각 연도.

되었다. 구미전자정보기술원과 같은 기관을 통해 중소기업의 R&D 기능을 지원하는 등 생산과 R&D 기능 모두 소화하는 첨단단지를 추구하였다. 이와 같이 구미국가산업단지는 삼성전자, LG전자 및 LG디스플레이 등 전기·전자 산업의 대표적인 생산기지 역할을 수행하면서 2013년 수출 367억 달러를 기록하였고, 이것은 한국 전체 수출의 약 11%에 해당하는 것이다(정재우 2023). 그러나 이후 생산 실적과 수출 모두에서 감소 추세를 보이고 있는데, 이것은 2010년대 초반부터 삼성 모바일과 LG디스플레이 등 대기업의 생산 공장이 수도권이나 중국, 베트남을 비롯한 해외로 이전한 영향이 크다. 그 여파로 소수 대기업에 의존하던 하청업체들은 해체되거나 다른 지역으로 이전하게 되어 구미의 총생산, 수출 및 고용이 감소하고 있고 지역 경제는 심각한 불황에 직면하였다. 대기업의 매출액 및 일자리 감소뿐 아니라 이에 의존하던 많은 중소기업 역시 심각한 경영위기를 맞게 되어 산업단지뿐 아니라 도시 쇠퇴의 위험에 처해 있는 실정이다. 그럼에도 불구하고 여전히 우리나라 가전 산업에서 경상북도는 상당한 위상을 차지하고 있는데, 여기에 구미가 큰 역할을 담당하고 있다. 특히 통신기기 산업에서는 삼성전자 수원 사업장이 있는 수원시 다음으로 입지계수가 높게 나타나는 등 위상을 유지하고 있다.

지역의 산업구조는 전기·전자 및 정보통신 산업 중심에서 기계, 장비 및 화학 제조 등으로 다변화되는 등의 변화를 겪고 있다(정재우 2023). 2014년 이후 고용이 감소하는 와중에도 기계 부문의 고용자 수는 증가하고 있다. 그러나 생산기지 이전뿐 아니라 부가가치가 높은 삼성전자 네트워크 사업부와 LG전자 연

가전 산업 입지 분포

가전 산업은 제10차 한국표준산업분류에 따르면 영상 및 음향기기제조업(C265), 마그네틱 및 광학 매체 제조업(C266), 전구 및 조명 장치 제조업(C284), 가정용 기기 제조업(C285)에 해당한다. 가전 산업의 시도별 출하액 규모는 경남, 경북, 경기, 인천, 광주 순으로 크게 나타나고 종사자 수는 경기, 경남, 경북, 인천, 서울 순으로 많다.

|그림 15| **가전 산업 입지 분포(2019년)**

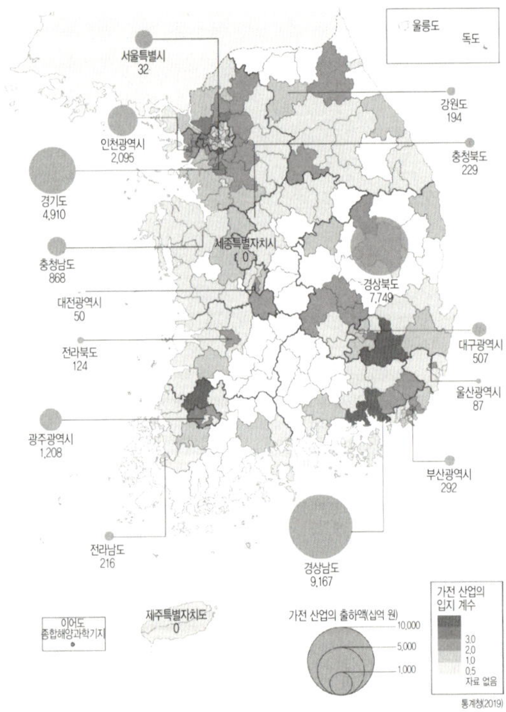

자료: 대한민국 국가지도집 발간위원회(2021).

통신기기 산업 입지 분포

통신기기 산업은 제10차 한국표준산업분류에 따르면 통신 및 방송장비 제조업(C264)에 해당한다. 여기에는 유무선 통신 장치를 비롯하여 방송 및 응용 장치를 제조하는 산업 활동이 포함된다. 통신기기 산업의 시군구별 입지계수는 수원, 구미, 성남, 안양, 서울 강서구, 평택, 대전 유성구 순으로 높게 나타나며, 경북, 경기, 서울, 광주, 인천을 중심으로 집중도가 뚜렷하다. 종사자 수는 경기, 경북, 인천, 서울, 광주 순으로 많다.

|그림 16| **통신기기 산업 입지 분포(2019년)**

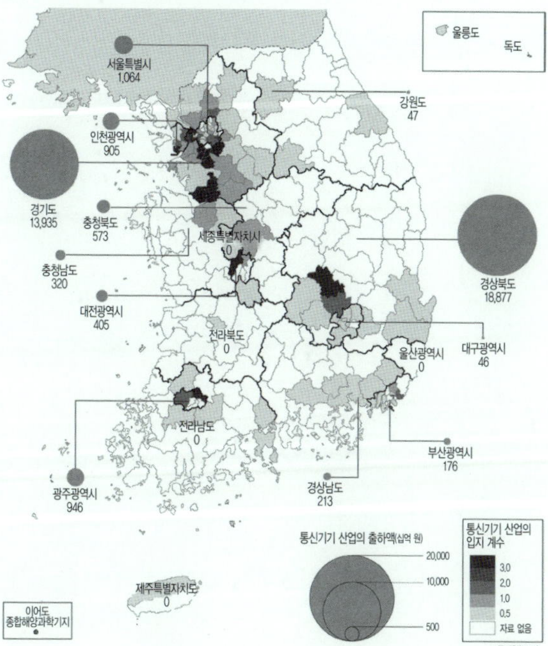

자료: 대한민국 국가지도집 발간위원회(2021).

구시설의 수도권 이전, LG디스플레이 공장의 해외 매각 등은 산업 공동화 우려를 강화시켰다. 전자부품, 컴퓨터, 영상, 음향 및 통신장비 제조업(전자통신 산업) 분야 비중이 2011년 60.2%에서 2018년 49.1%로 지속적으로 감소하였다. 반면 다른 제조업 분야 종사자 수는 꾸준히 증가하여 산업전환이 진행중이라고 평가할 수 있다(정재우 2023). 구미 지역에는 금오공과대학 등 대학과의 산학협력을 통한 연구개발 인프라가 잘 구축되어 있다는 평가를 받지만, 창업생태계 조성에 기여할 수 있는 금융 인프라는 부족하다는 문제가 있어 이에 대한 대책도 필요하다(이종호 외 2018). 구미국가산업단지의 조성에서부터 오늘날의 변화를 업체 수와 고용자 수 변화를 통해 살펴보면, Martin(2010)의 클러스터 생애주기 유형 중 어느 하나로 단정짓기 어려운 측면이 있다. '안정균형 상태 고착'과 '지속적 변화와 변형'과 유사성이 있는데, 단순히 규모의 변화로만 판단하기 어렵기 때문에 여러 다른 지표와 심층적 분석이 필요하다.

나가며

한국의 제조업 중심 경제성장에 입지적 요소로서 산업단지의 역할이 컸고, 이 주변의 산업 도시들은 성장거점으로서 도시 성장의 핵심 역할을 하였다. 우리나라의 산업단지 개발은 특정 수출산업 기업들을 특정 지역에 집중시켜 집적 경제 효과를 추구하고, 성장거점 개발을 통해 국가 경제성장을 이룩하려는 목표에 부합하는 입지 정책이었다. 1960년대 이후 수출 산업 육성을 통한 급격한 경제성장이 우선적인 목표였기 때문에 국가 주도로 대규모 산업단지 조성이 여러 지역에서 이루어졌다. 특히 울산, 여천, 포항, 창원 등 남동 해안 지역에 중화학공업 산업벨트가 형성되어 한국의 경제성장을 이끌었다. 그러나 이것은 지역 간 불균형 발전의 결과를 초래하였고, 이에 대한 대안으로 수도권 공장 규제, 산업시설 지방 이전, 지역 산업 및 클러스터 육성 등 균형발전 정책이 추진되기도 하였다. 우리나라의 경제성장에는 수출 산업을 주도한 대기업의 역할이 컸고 이들 기업들은 산업단지에 수직적 계열화를 통해 하청 기업과 협력업체들을 입지시키고 다각화 전략을 통해 재벌 기업으로 성장하였다.

2000년대 이후 경제 공간의 변화에 따라 단순 집적지에서 벗어나 지식 창출과 혁신의 시너지를 발휘하는 클러스터로서의 역할로 탈바꿈하기 위한 노력이 이루어졌다. 세계화와 지식정보화의 중요성이 커지면서 생산 활동의 단순 집적지로서의 산업단지는 위기를 맞이하게 되었다. 지식과 혁신 창출의 중요성이 커지면서 기업 간 연계와 네트워크, 이를 뒷받침하는 제도적 밀집이 강조되는 클러스터로의 전환이 요구되었다. 일부 산업단지는 정책적인 뒷받침과 입주 기업들의 노력으로 혁신 클러스터로서의 역할을 하고 있다. 그러나 생산 기반의 해외 이전과 폐쇄, 주력 산업 부문의 쇠퇴와 불확실성 증가, 산업단지의 경직성과 노후화 등의 문제로 산업단지는 전반적으로 위기에 직면하였다. 이것은 산업단지를 중심으로 하는 산업 도시의 실업률 상승, 임금 정체, 지역경제 침체로 이어지게 되었고, 산업 도시 쇠퇴와 지방소멸 같은 심각한 문제로 이어지고 있다(정성훈 2019). 자동차 공장의 폐쇄와 조선소의 가동 중단으로 산업위기 대응 특별 지역•으로

산업위기 대응 특별 지역: 지역의 주된 산업이 위기에 처하여 지역경제 여건이 악화되거나 악화될 우려가 있어 일정 기간 동안 정부의 지원이 필요한 지역이다. 특정 산업에 대한 의존도가 높아 대규모 실직 등이 발생할 우려가 있는 곳으로 2018년에 군산, 울산 동구, 거제, 통영·고성, 창원 진해구, 영암·목포·해남 등 5곳이 지정되었다.

지정된 군산·군장국가산업단지가 대표적이다. 특히 비수도권의 여러 산업단지들은 단지의 노후화와 도시 쇠퇴의 문제를 겪고 있다. 미국의 경우 국내 자동차 산업을 지키기 위해 글로벌 자동차업체의 생산시설을 미국에 건설하도록 하는 등 정치적으로 노력을 기울이고 있고 이것이 반도체 산업 등으로 확대되었다. 독일 역시 제조업 생산시설 해외 이전을 방지하고자 스마트 제조 등의 정책을 실시하고 있다. 한편 2010년대 이후 글로벌 가치사슬 변화와 한국경제의 구조적 전환이 비수도권 산업 도시 쇠퇴와 지역 간 격차에 영향을 주고 있기도 하다(정준호 2021). 산업단지를 중심으로 한 비수도권의 수출 주도형 대기업 분공장과 협력업체의 집적 체제가 재편되면서 결국 산업 도시 쇠퇴가 가속화되었고, 이것이 지방소멸의 큰 원인이 되고 있다는 것이다.

산업단지에 대한 시각을 국내에서 해외로 확장해 보면, 비수도권 산업단지에서 해외로 이전한 한국 기업의 생산기지가 해외 현지에서 새로운 산업집적지(클러스터)를 형성하고 있기도 하다. 구미 등에 입지한 기존의 생산공장과 생산량을 베트남으로 이전한 삼성, LG 등이 대표적이다. Koo and Kim(2022)에서는 이러한 한국 전자 산업의 초국적 기업이 공급업체와 함께 해외 생산기지를 구축하는 '동반소싱'(follow sourcing)• 을 통해 베트남에 생산 클러스터를 이식하고, 스필오버 등을 통해 현지화하는 양상을 분석하였다. 중요한 시사점은 이것이 지역 외부 통제를 받는 위성형 클러스터(satellite cluster)와 현지에서 공급자·고객 관계의 로컬소싱이 형성되는 발전된 클러스터(advanced cluster)의 중간 단계 역할을 할 수 있다는 것이다. 이것은 풍부한 인력과 시장을 통해 글로벌 경제에서 우위에 있는 중국의 '의무적 착근성'(obligated embeddedness)• 모델과 차별화되는, 협상력이 부족한 후발국가 발전 모델이 될 수 있다. 이와 같이 산업단지와 클러스터는 국내적 조건이나 경제 상황에만 영향을 받는 것이 아니라 국외적 영향이 작용하고 있고, 다른 한편으로는 한국의 기업들이 해외 산업단지나 클러스터의 형성과 성장에도 중요한 역할을 하고 있다.

동반소싱: 부품 공급업체가 선도 기업의 신규 지역에 함께 진출해 생산설비를 갖추고 제조 활동을 하는 것은 의미한다.

의무적 착근성: 지역적 착근성(territorial embeddedness)은 특정 지역에 정착하고 뿌리내리려는 노력을 의미하는데, 능동적(active) 착근성과 의무적(obligated) 착근성으로 구분할 수 있다. 전자는 초국적 기업이 자발적으로 지역 자산을 이용하기 위한 노력인 반면에, 후자는 국가와 지역의 협상력이 높아서 초국적 기업이 요구사항을 받아들이는 경우를 의미한다.

최근 지역발전 전략으로서 새로운 지역 산업 경로 개발(new regional industrial path development)이 중요한 화두가 되고 있다. 특히 지역의 경제 및 산업구조 변화를 위한 원동력으로 혁신 그 자체를 강조하던 것에서 새로운 산업 경로를 어떻게 만들어 낼 것인가로 관심이 이동하였다. 새로운 산업 경로는 기존 산업의 업그레이딩(upgrading), 다각화(diversification), 신산업 출현(emergence) 등으로 구분할 수 있는데, 내·외부의 환경 변화에 대응하고 적응할 수 있는 산업단지의 변화가 필요한 시점이다. 이와 관련해서 유럽을 중심으로 스마트 전문화(smart specialization) 논의가 이루어지고 있는데, 지역이 중심이 되어 우선순위 및 자원할당과 관련된 문제를 기업가적 발견 과정을 통해 지역의 혁신 주체들이 스스로 결정하는 것이 핵심이다(남기범 2016; 허동숙·이병민 2019). 또한 산업단지가 기존 기업의 생산 활동에만 머물지 않고 창업 기업의 성장과 기업가적 생태계(entrepreneurial ecosystem)가 나타날 수 있는 공간으로 변모하는 것 역시 중요하다(구양미 2023).

스마트 전문화: 각 국가와 지역의 고유한 특성과 자산을 파악하고 각 지역의 경쟁 우위를 부각시켜 각자의 미래 비전을 중심으로 지역 이해관계자와 자원을 결집시키는 것이다.

기업가적 생태계: 특정 지역에서 생산적 기업가 정신을 가능하게 하는 상호 의존적 행위자와 요인들을 의미한다. 특히 혁신적인 스타트업의 창출과 성장을 지원하고 초기 기업가들이 위험을 감수하고 기업가 정신을 발휘할 수 있게 하는 지역 내 정치·경제·사회·문화적 요소의 조합이 핵심이다.

한국의 산업입지에서 산업단지가 중요한 역할을 하였지만, 하향식 산업단지 조성과 개발만으로는 이를 설명하기 어려우며 상향식 성장과 발전이 함께 이루어졌다. 애초에 산업단지가 선정될 당시에도 국가 주도의 일방적인 것이 아니라 지역 내에서 산업 성장의 태동과 씨앗이 있었기에 빠른 개발과 성장이 이루어질 수 있었다. 또한 여기에 입주한 대기업과 중소기업들의 기술개발과 혁신 노력이 매우 컸기에 오늘날의 성장이 있을 수 있었다. 또한 산업단지로 지정된 곳 이외의 산업집적지의 역할 역시 중요하였다.

참고문헌

고병옥·구양미(2023), 「조선업 특화 도시의 산업 경로 변화: 2010년대 이후 조선업 불황을 중심으로」, 『한국경제지리학회지』 제26권 제2호, 73~95.

구양미(2012), 「서울디지털산업단지의 진화와 역동성: 클러스터 생애주기 분석을 중심으로」, 『한국지역지리학회지』 제18권 제3호, 283~297.

______(2018), 「구로공단에서 서울디지털산업단지로: 한국 산업화 역사의 상징적 공간」, 서울연구원·한국경제지리학회, 『서울의 공간경제학』, 나남, 369~392.

______(2021), 「구로공단에서 서울디지털산업단지로!」, 서울역사편찬원, 『쉽게 읽는 서울사 현대편2』, 서울역사편찬원, 277~295.

______(2023), 「기업가적 생태계 조성과 지역경제 위기 대응 방안」, 『산업입지』 77, 37~46.

구양미·남기범·박삼옥(2010), 「수도권 산업단지(클러스터)의 광역권 내부 및 외부 연계구조 분석」, 『한국경제지리학회지』 제13권 제2호, 181~195.

권오혁(2017), 「산업클러스터의 개념과 범위」, 『대한지리학회지』 제52권 제1호, 55~71.

김동완·김민호(2014), 「울산공업단지의 서막, 정유공장 건설의 정치지리」, 『대한지리학회지』 제49권 제2호, 139~159.

김선배·정준호(2005), 「우리나라 산업집적의 공간적 패턴과 구조 분석」, 『한국경제지리학회지』 제8권 제1호, 17~29.

김용웅·차미숙·강현수(2009), 『신지역발전론』, 한울아카데미.

남기범(2016), 「'선택과 집중'의 종언: 포스트클러스터 지역산업정책의 논거와 방향」, 『한국경제지리학회지』 제19권 제4호, 764~781.

대한민국 국가지도집 발간위원회(2017), 『대한민국 국가지도집 Ⅲ』, 국토교통부, 국토지리정보원.

______(2021), 『대한민국 국가지도집 Ⅲ』, 국토교통부, 국토지리정보원.

류승한(2018), 「산업단지 개발 50년: 성과와 과제」, 『국토정책 Brief』 686, 국토연구원.
문미성(2001), 「수도권 산업집적이 기업의 혁신수행력에 미친 영향: 전자통신기기산업을 사례로」, 『국토계획』 제36권 제3호, 193~212.
박기주(2023), 『중화학공업화』, 한국경제 시민강좌 02, 도서출판 해남.
박배균·장세훈·김동완 엮음(2014), 『산업경관의 탄생: 다중스케일 관점에서 본 발전주의 공업단지』, 알트.
박삼옥(1998), 『현대경제지리학』, 아르케.
박원석(2011), 『부동산입지론』, 양현사.
박종화·윤대식·이종렬(2004), 『지역개발론: 이론과 정책』(제2개정판), 박영사.
유영휘(1998), 『한국의 공업단지』, 안양: 국토연구원.
유형근(2012), 「20세기 울산의 형성과 역사적 변천: 공업도시, 기업도시, 노동자도시」, 『사회와 역사』 95, 5~37.
이삼수·이현주·김태균·김선우(2013), 「산업단지 정책 및 입지변화 특성 고찰」, 『한국지역개발학회지』 제25권 제4호, 87~110.
이인희·김걸(2022), 「우리나라 산업단지의 시대별 조성정책과 공간분포 고찰」, 『한국지도학회지』 제22권 제2호, 83~93.
이정협(2007), 「울산 자동차클러스터의 형성과 발전전망」, 『한국경제지리학회지』 제10권 제1호, 1~18.
이종호·당의증·이철우(2018), 「구미 IT산업 클러스터의 혁신생태계와 지역산업정책 방향」, 『대한지리학회지』 제53권 제6호, 863~884.
이종호·이철우(2008), 「집적과 클러스터: 개념과 유형 그리고 관련 이론에 대한 비판적 검토」, 『한국경제지리학회지』 제11권 제3호, 302~318.
이철우·최요섭·이종호(2016), 「국가주도형 산업집적지의 내생적 발전 가능성: 구미 IT 클러스터를 사례로」, 『한국지역지리학회지』 제22권 제2호, 397~410.
임덕순(2008), 「혁신 클러스터의 발전 과정 및 성공 요인: 대덕연구개발특구 사례를 중심으로」, 『혁신 클러스터연구』 제1권 제1호, 15~38.
전지혜·이철우(2018), 「구미 국가산업단지의 진화 과정의 특성과 그 동인」, 『한국경제지리학회지』 제21권 제4호, 303~320.
정도채(2011), 「분공장형 생산집적지의 고착효과 극복을 통한 진화: 구미지역을 중심으로」, 서울대학교 지리학과 박사학위논문.

정성훈(2019), 「한국 산업위기지역에 대한 정책적 진단과 처방」, 『한국경제지리학회지』 제22권 제3호, 237~245.

정영철·정선양(2015), 「혁신 클러스터의 성공요인에 관한 연구: 대덕연구개발 특구를 중심으로」, 한국기술혁신학회 학술대회 자료집, 574~589.

정재우(2023), 「산업·지역 간 연계 강화에 기반한 산업단지 발전방안: 구미지역의 사례를 중심으로」, 『산업입지』 77, 6~16.

정준호(2021), 「글로벌 가치 사슬과 한국의 지역 간 격차: 2010년대 이후를 중심으로」, 『경제와 사회』 131, 88~125.

주기완·이승철(2015), 「이천 도자기 산업의 이원적 공간 형성 및 네트워크 분석」, 『한국경제지리학회지』 제18권 제4호, 556~572.

주성재(2003), 「광역클러스터 개념의 도입과 정책과제」, 『한국경제지리학회지』 제6권 제2호, 327~338.

______(2012), 「영원한 숙제, 지역균형발전」, 『지식정보사회의 지리학 탐색』(제2개정판), 한울아카데미.

최상오(2023), 『경제개발계획』, 한국경제 시민강좌 01, 도서출판 해남.

한국경제60년사편찬위원회(2010), 『한국경제60년사 Ⅳ.국토·환경』, 서울: 한국개발연구원.

한국산업단지공단(2015), 『산업단지 50년사』, 한국산업단지공단.

______(2023), 『2022년 인포그래픽으로 보는 전국산업단지』, 한국산업단지공단.

______(각 연도), 「전국산업단지 현황통계」, 한국산업단지공단.

허동숙·이병민(2019), 「산업과 문화의 협력: 스마트 전문화를 통한 지역 혁신성장 전략 모색」, 『국토지리학회지』 제53권 제1호, 101~117.

황주성(2000), 「소프트웨어 산업의 입지와 산업지구에 관한 연구」, 『대한지리학회지』 제35권 제1호, 121~139.

황진태·박배균(2014), 「구미공간 형성의 다중스케일 과정에 대한 연구: 1969-73년 구미공단 제1단지 조성과정을 사례로」, 『한국경제지리학회지』 제17권 제1호, 1~27.

Bathelt, H., A. Malmberg, and P. Maskell(2004), "Clusters and Knowledge: Local Buzz, Global Pipelines and the Process of Knowledge Creation," *Progress in Human Geography*, 28(1), 31~56.

Gordon, I. R. and P. McCann(2000), "Industrial Clusters: Complexes, Agglomeration and/or Social Networks?," *Urban Studies*, 37(3), 513~532.

Koo, Y. and S. Kim(2022), "'Follow Sourcing' and the Transplantation and Localization of Korean Electronics Corporations in Northern Vietnam," *Area Development and Policy*, 7(4), 380~403.

MacKinnon, D. and A. Cumbers(2019), *An Introduction to Economic Geography: Globalisation, Uneven Development and Place*, 3rd edition, Routledge.

Markusen, A.(1996), "Sticky Places in Slippery Space: A Typology of Industrial District," *Economic Geography*, 72(3), 293~313.

Martin, R.(2010), "Rethinking Regional Path Dependence: Beyond Lock-in to Evolution," *Economic Geography*, 86(1), 1~27.

Martin, R. and P. Sunley(2003), "Deconstructing Clusters: Chaotic Concept or Policy Panacea?," *Journal of Economic Geography*, 3(1), 5~35.

______(2011), "Conceptualizing Cluster Evolution: Beyond the Life Cycle Model?," *Regional Studies*, 45(10), 1299~1318.

Menzel, M.-P. and D. Fornahl(2010), "Cluster Life Cycles: Dimensions and Rationales of Cluster Evolution," *Industrial and Corporate Change*, 19(1), 205~238.

Moulaert, F. and F. Sekia(2003), "Territorial Innovation Models: A Critical Survey," *Regional Studies*, 37, 289~302.

Newlands, D.(2003), "Competition and Cooperation in Industrial Clusters: The Implications for Public Policy," *European Planning Studies*, 11(5), 521~532.

Park, S. O.(1996), "Networks and Embeddedness in the Dynamic Types of New Industrial District," *Progress in Human Geography*, 20(4), 476~493.

Park, S. O. and A. Markusen(1995), "Generalizing New Industrial Districts: A Theoretical Agenda and an Application from a Non-Western Economy," *Environment and Planning A*, 27, 81~104.

Porter, M. E.(2000), "Locations, Clusters and Company Strategy," in G. L. Clark, M. P. Feldman, and M. S. Gertler, eds., *The Oxford Handbook of Economic Geography*, Oxford University Press, 253~274.

World Bank(2020), *World Development Report 2020: Trading for Development in the Age of Global Value Chains*, Washington, DC.

참고 사이트

국토교통부 산업입지정보시스템(https://www.industryland.or.kr).
대한민국 국가지도집(http://nationalatlas.ngii.go.kr).
한국산업단지공단(https://www.kicox.or.kr).

찾아보기

[ㅇ]

[ㅈ]

[ㅊ]